你所不知道的圖博

天無涯 海無角

一切盡在因緣裡

德格爾才仁
德　徐　真　◎著

所有不可思議的故事要從古嚴寺說起…

དངོས་བརྒྱུད་དྲིན་ཆེན་བླ་མའི་བྱིན་རླབས་དང་།།
ཚེ་སྔོན་ལས་སྨོན་བཟང་པོའི་མཐུ་སྦྱིན་ལས།།
རྒྱལ་ཁམས་སྒྲོགས་མེད་འཁྲིམས་པའི་བྱི་ན་པ།།
མཚོ་སྤྲིད་འདི་ནས་ཤེས་རབ་ཡུམ་དང་མཇལ།།

承蒙上師三寶加持力，和合累世善業良因緣，
起伏顛沛遊子德格爾，古嚴淨寺遇見般若母。

我在睡前問了觀音菩薩和準提媽媽：菩薩啊！這男人他生長在天之涯，這女子出生在海之角，何以在我們飄泊半百後相遇?!

夢醒時分菩薩媽媽們傳話：淨兒吾兒，天無涯啊！海亦無角啊！一切盡在因緣裡......

醒來後，我將此夢境說與法侶德格爾醒來後聽，他會神聆聽後，即刻說道：我們的書名就以菩薩媽媽們的寓意命名為「天無涯，海亦無角，一切盡在因緣裡」。

推薦序 (1)

法不孤起 仗緣方生 法無高下 應機始妙

佛法的意義在適時對機地引導有情遠離迷惑煩惱，轉而如理作意如實知見萬法、善用萬法、饒益眾生。

德格爾老師以其不可思議的生命歷練，懇切完整的學佛體驗，審時度勢，觀機逗教地結集顯密要法，權巧慈悲地整理解說，俾使有心學佛者得以打破顯密的迷思，有一可行能持、實用相應的基礎儀軌可依持奉行，由此得入佛法大海安身立命，老師的苦心孤詣，悲心願力可謂大矣！有緣受持精進者可謂幸矣！

末學慧度　隨喜讚歎 于古嚴寺 2020.04.02

推薦序 (2)

因緣本是妙難思，
緣熟際會剎方知！
星塵海隅信行願，
十方諸佛神牽圓。

仁真•勘卓 合十頂禮敬筆2019.11.26

右一是:仁真・勘卓。是德格爾為闕蓮珍居士取的金剛密乘修行法名。闕居士與徐真因緣特殊，早在德格爾未到台灣之前我們早已相識。徐真在 2009年前往寺院閉關時，她慈心照護我，亦師亦姐，在佛道修行上對我提攜叮嚀觀護，多年來知道淨兒調皮也對我如慈母般觀機逗教，所以我稱她為「皮媽媽」。德先生來台後，我們結為法侶，夫妻二人以在家人身份在德真佛堂接緣與蓮師有緣眾生。闕居士多年來出錢出力護法共乘，感恩觀音菩薩連結我們的累世善緣。

右二：是我的武禪師父何富雄先生(書中有他的介紹)。

左二：是賢慧端莊，才貌氣質出眾，賢妻良母的何師母。

左一：是我「額娘」，他是文武雙全的大師兄，也是有名書法家，有著一身好功夫。叫他額娘是有故事，在仰桑貝瑪貴他像親娘一樣照顧我，一路陪伴我在極密聖地看到我發生的所有奇事，鼓勵我去寺院對德先生說明真相和求婚，他真的像極了我的娘親，所以我便稱他「額娘」。

—— 目 錄 ——

密法修行

法典釋義

德華老師父簡介

師　號德華，俗姓洪，名阿隨，民國十八年七月八日出生於台南縣北門鄉南鯤鯓附近之小漁村———蚵寮。父洪世，為地方士紳，任職聯合會長，年方四十即順無常；母陳氏曾住台南市慎德堂多年，晚年精進念佛，含笑念佛而逝。

師自幼慈仁，雖蟲蟻蚊蠅不忍傷。年輕時有出塵志，不得許。後適許家，先生為一本份公務員，正直厚道，精於書畫，退休後即住仁武山中，協建道場。

師精於女工，每為人裁剪衣裳務令歡喜滿意乃止，故訂作者夥，每至深夜始得休眠，因此身患畏寒，雖大熱天亦常棉襖加身，卻不臥病。

夜夢觀音 放下修持

四十歲某夜，夢見觀音大士身量等山，復有二莊嚴高大之比丘僧勸令放下修持，自是精勤不懈；每日不是跪拜即是靜坐，往往手持長香跪坐入定，雖香蒂燒傷臂腿而不自知；經常以日式宿舍之背櫥為臨時關房；日不過一食，食唯水果、白水或些許蔬菜耳，幾天不眠不飲乃常有事。

首度閉關 結帳為修

四十二歲第一次正式閉關，地點為蚵寮大姊家，關房乃一方六尺蚊帳搭於總鋪上耳，如是凡四十九天，幾近絕食狀態，唯數日始一飲，飲唯果汁或白水，出關後定慧俱增，目常垂簾，唯以耳聞，由於感應不斷，故往求加持者不絕於途，更有遠從日本慕名而來者。

二次黑關 百二十日

四十八歲第二次閉關，地點為王俊博師兄家之頂樓，內覆以層層布幕，伸手不見五指，於如是黑關中百二十日，出關時唯皮貼骨、雙眼深陷，與釋尊樹下苦修狀無二，始知非畫家筆下臆作者。

三次入關 悟卍字諦

民國六十七年夏潤雙六，師第三次入關，形式同前，為時亦百二十日，感悟「眾生之苦即是我苦」「面面是佛，然由無明剛強，故唯有以溫柔體貼，善巧導出之」，有偈云「甘育哺嘴鬻，哺乎鳥仔袋」，意即母鳥將粗硬的食物嚼碎後，來哺育幼鳥。

四度閉關 白傘護眾

民國六十九年師第四度閉關，為期二十一天。出則製一白傘覆頂，效大白傘蓋佛母之出眾生於佈畏之地，令得安穩解脫。從此駕其「六一三五駕駛帆」，開演「經苦耐寞駕駛題」，於每週六晚聚眾共修，如是十年從無間斷。此間師無日不以求度眾生之疾苦為念，廣運其無緣大慈，同體大悲之菩薩精神，廣結善緣，拔苦與樂。計由師加持得感應者數以萬人計，由師悲導虔心學佛者不計其人。

六度萬行 任運而持

考師之修持，方法無他，依行六度法門。蓋師有求必應，徹底布施也；嚴守三昧耶，每日工作或既定功課未完成，絕不食不眠，持戒也；任人譏諷，從不動氣，絕食斷飲不引為苦，安忍也；常在定中，坐必雙跏，習於禪定也；自稱「盲眼乞婆，無智無慧」以無智無得成其大智也。師常謂「心即是佛，若能直門直意直理行去，無不成佛」，且勉人「精進念佛，莫忘本願，務必藉此難得之一期生命，利用呼吸、壽命，深入諸法，見自本面」。

悲憫眾生 其來有自

於此頗值一提者：某次大颱風天，佛堂前之遮陽棚已被掀走，師猶跪地合掌，寂然入定於狂風暴雨中，其定力與悲心不言可喻。又一次劉上師來訪，師演其自悟拳法，上師曰「頗多類似亥母拳」。又慧淨法師行腳來訪，觀察三日，嘆為菩薩化身。七十八年底，師抱著嚴重足疾，往尼泊爾參加敦珠法王肉身入廟典禮，飛機始抵加德滿都，足疾突癒；且得深大感應如回故居；並翹首圖博，孺慕之情溢於言表。蓋師以無師精進，得此成就不可謂無因緣也。

事不孤起，待緣乃生。師父的出家因緣終於成熟了。師從自覺宿緣，放下修行，三十年來，篤志苦行，律己甚苛，待他則隨順滿願。因徹底放下，故能深體世法苦諦，慈悲充遍。因此教內、教外；方內、方外；欽其德、感其悲而求教、參訪者，多有人在；有因見其行而發大勇猛心者；有因受其教而身心得以增上提昇者；更有海外學人因嚮往其道行而返國求請皈依者。雖師、弟間具有實質的依止關係，然礙於形相、傳統，每多有人指責，懷疑其如法性。

出家緣熟 白老剃度

古嚴寺乃一菩薩道場、實修道場，故凡有發心精進者，都無條件提供關房道場，給予安心辦道。故有很多出家、在家人都曾來古嚴寺閉過關，也有很多修行團體借用古嚴寺舉辦禪修、念佛、灌頂、共修、內觀、禪十、禪七等活動，參加者每有歸家之感，並對古嚴寺的環境與提供的服務讚不絕口。雖然如此，但寺中弟子與護法會成員們每感歎行者之來去匆匆，期盼有更多的實修者能常住古嚴寺，一方面可使功夫成片，二方面能蔚成修行風氣；經過幾次的開會檢討形成結論：若師父能現出家相，一則接受皈依順理成章，二則可進一步接引出家眾，令道場更形莊嚴如法。於是大家共同勸請師父正式剃度出家。師亦感該以在家相引渡者已經圓滿，可推展更進一步的因緣，於是決志出家。

請求老和尚給予剃度。老和尚一口答應，並決定於觀音聖誕日〔農曆二月十九日〕假古嚴寺為師父與另四位常住舉行剃度圓頂儀式，就這樣，師成為臨濟第四十二代弟子；於八十五年十一月十二日(農曆十月一日)到宜蘭福嚴禪寺進受三壇大戒，成為正格比丘尼。

禪淨律密 四宗益弘

師父說：古嚴寺燒四種金，也就是說古嚴寺並弘禪、淨、律、密，不拘一宗，不分彼此。師父在傳承上接的是臨濟法脈一禪；平時接眾，強調心淨即是佛，心堅即是佛，念念都是佛，亦即以深信切願篤行的淨土法門接引有情；律則堅持菩薩律儀，以六度嚴己，心心命命為眾生；密則強調面面是佛，無二無別。故古嚴寺不執一法，不斥一法，凡佛所傳正法皆隨喜弘持，俾使有心學佛都能應機深入，竟成菩提道。

以上對師父的修行經過與出家因緣的介紹，僅止萬一，欲實際了解師父的慈悲功德，唯親近之，乃可實炙其德，實受其教，得真受用。

慧度法師簡介

慧度法師俗姓王名俊雄，1953年12月29日生於台南北門南鯤鯓。初中到高雄念書，住在阿姨（現在古嚴寺的德華老師父）家裏；於初三時接觸金剛經，啟發對佛學的好樂。到高三時，眼前經常會突然變成一團黑，幾乎看不見，四處尋醫不得解。阿姨很關心法師的眼睛，建議靜坐、看佛經，靠佛法來治療，當時個性叛逆脾氣很硬的法師，半信半疑聽從阿姨的建議，看佛經時，總有似曾相識的感覺，之後態度開始軟化，就越來越精進修行了。

法師考上中央大學數學系後，眼疾復發而休學。復學後，加入覺聲佛學社，受吳上師(潤江)的灌頂，大二隨林崇安、徐芹庭教授親近劉上師，自此常依止劉上師修行密法；在大學期間到處參訪道場，並親近道安老師父、懺雲法師與日慧法師。從此眼疾也不再復發。

1982年 2月19日接受劉上師阿闍梨灌頂，並任高雄金剛乘學會會長，賜法名却吉龍楚(法傑)，自此每周三晚在學會講解經論及主持各種共修法會，並任古嚴寺弘法組長，主持週六晚上共修開示及禪修法會。
1983年於敦珠法王座前受菩薩戒及灌頂，賜法名歡喜心要。
1995年袞秋蒙南勘布獨授大圓滿灌頂，並口授椎擊三要，賜法名突登丹津漸叁，曾參加五次十日內觀(葛印卡)，二次動中禪修(隆波通)，以及二次贊念長老的禪修。
1999年親近格西羅桑才培，聽聞中觀與慈悲法要並受千手千眼觀世音菩薩紐涅教法。
2000年親近格西羅桑丹巴，聽聞文殊真實名經講解及接受大威德金剛灌頂。
2011年辭去金剛乘學會會長。
2012年於高雄市仁武區古嚴寺剃度出家，剃度本師為千佛山智旭法師，賜法名慧度。
2013年11月於基隆靈泉禪寺受具足戒，得戒和尚為守成老法師。
2015年10月31日接任古嚴寺住持至今。

2015 年 10 月 31 日由古嚴寺老師父親自傳印接任古嚴寺住持，在大雄寶殿舉行升座儀式。

人間行者——何富雄老師簡介

何老師是嵩山少林禪寺第三十一代直傳俗家弟子，法號德富；中華民國體育總會國家 A 級武術教練及國際裁判，現任中華民國武術總會副理事長、武禪書院院長。並曾擔任沙烏地阿拉伯皇家侍衛隊總教練、國王大學體訓中心教練、外交部僑委會海外文化教師；國家地理頻道曾有專輯採訪，1996 年獲世界文化藝術中心推薦、評選入當年度的《世界名人錄》，2000 年獲頒柔拳九段首席師範。

雖然深獲武壇的肯定與尊崇，但何老師經常強調「武人文相」及「以武入禪」的武學境界。習武除了強身、防衛外，更重要的是藉著艱辛的練習過程不斷地自我挑戰、超越，希望達到內在的心識轉化與外在的終極和諧。所謂「靜聞魚讀月、笑對鳥談天」，習武的禪境與生活、藝術原就相通；因此，除了武術的淬煉外，何老師同時在繪畫與小提琴的修為上精進不輟，以武藝、畫藝、琴藝及佛學修證與徹悟，作為他生命實踐的展現。

2013 年，在何老師的推動下，成立中華武禪教育協會，協會下設「武禪書院」與「深水有機教學農場」。武禪書院位於高雄市區，是滾滾紅塵中的一方淨土，以武術、氣功作為接引眾生的善巧；希望藉由養生之術、技擊之法，調和內在與外在、精神與肉體，達到身心的健康與平衡，才能真正享受生命的大樂。因此，武禪書院以「笑口常開笑盡天下事，慈悲為懷懷盡人間苦；一息存不忘善導眾生，一念在不忘我心菩提。」作為修行誡語，是發願，更是修證的依歸。

二十多年來，何老師秉持著上述發心，獨自一人在荒山野地中，經歷炎炎夏日與颼颼冷風，堅持「有機深水農場」的開墾與耕作，為眾生建立一塊人間淨土、叢林道場。目前除了栽種蔬菜、水果、樹種外，另闢有禪修區、露營區、射箭區……等，非常適宜作為現代人紓壓、親近大自然的場域。何老師認為，大自然本就是人類最重要的導師，具有修護療癒的力量，也是生命終極的歸所。叢林道場也稱為「無有佛堂」，生命所遇皆應「來者歡喜心受，去者點滴不留，心中了無增

滅」，更是「無風無雨也無晴，無修無法也無禪」，唯有不斷地了知、證悟空性，方得徹底解脫與大自在！

何老師經常叮嚀學生：「千急萬急不如修行急」。不要讓佛陀指出的解脫之道變成佛事空花，要在日常生活中撥點時間「解行修證」，以「戒、定、慧」對治「貪、嗔、痴」，讓生命回歸原始的清淨無染。雖然肉身的生命有盡頭，靈性的慧命卻可以因修行而延續；當生命終結時，紅塵中的名、利、情，都是萬般帶不走、終歸虛幻哪！當繁華落盡時，照見「生命的本質在於清靜，生活的內容在於慈悲」，是人間行者的示現與實踐，一如華枝春滿，天心、月圓！

圖博因緣實紀

Chapter 1

作者簡介：悟見切巧海如嘎　德格爾才仁
照片介紹：西元 1998 年擔任圖博流外政府第 12 屆國會議員時拜會尊達賴喇嘛時與尊者合影。曾在印度擔任 11/12/13 屆議員兼多麥省省長時，被尊者派任前往日內瓦等西方十個國家向國際如實傳述圖博局勢。
“如果一個人來到這個世界上卻沒有遇見佛法，那是人生最大的不幸。如果一個人只學佛法而不實修，那是人生最大的遺憾了！”
佛法真的是太偉大！太殊勝！太不可思議！

我的圖博人生與法緣修佛實紀

紮西德勒！各位好！

很高興能有機會跟大家分享我的人生經歷和修學佛法的一些心得。

我叫德格爾 才仁，從喜馬拉雅山到印度和尼泊爾後，曾在印度擔任 11/12/13 屆議員兼多麥省省長時，被尊者派任前往日內瓦等西方十個國家歷經九個國家再到美國，2015 年 10 月 19 日從美國飛到臺灣(台灣是我經過的第 11 個國家)。我是一個歷經滄桑的圖博人，我的人生經歷充滿傳奇性，如果拍一部電影，肯定會收視率第一。

■ 中共統戰教育的魁儡

我出生在安多熱貢江加村，是圖博東南部的一個農業區。

我剛來到這個世界上發出第一個哭聲的時候，我們的家鄉已經被中共佔領，我的生長環境跟之前的圖博人是完全不一樣的。

從小學到中學一直到大學畢業，我們所學的東西都經由中共當局編排的，教材書裡面的內容充滿著共產主義教條，沒有辦法學習自己的文化歷史，圖博語文只是作為一門語文課來學習，很多學校根本沒有圖博語文課，只有華語課。在教材書裡面每當提到圖博歷史文化的描述總是在說：圖博歷史是一片黑暗，用當局的話來說：是最黑暗、最落後、最野蠻、最反動的舊社會，並且說：我們的領袖不是達賴喇嘛而是"偉大領袖毛澤東"，我們的首都不是拉薩而是北京......等等。

土地改革和大躍進時，大規模屠殺和勞改，餓死人的悲慘故事，難用語言來表述。對現在的年輕一代來說，他們根本無法相信在世界的某個地方曾經發生過如此悲慘的事。圖博人受盡了苦難，哭盡了眼淚，而且還在繼續著......。

我記得小時候母親曾說過他們的痛苦經歷，那是上個世紀五十年代末和六十年代初發生在我們村裡的事，就是中共佔領圖博不久發動了一系列的革命運動。一天內就有一二十個人活活餓死，當時我母親親眼看見有些鄉親在路上走著走著就倒下去，從此再也站不起來了。剛開始的幾天裡，看到這種事情的發生，還可以哭的出來，而且也可以哭出眼淚來，但是過了一段時間以後，餓死的人數有增無減，這時候你想哭也哭不出來，因為已經沒有力氣哭，即使還有一些力氣哭，可是再也沒有眼淚可以流出來了，因為眼淚已經哭乾了，同時也怕哭得太多自己也會馬上死掉......。

在上大學的時候，老師提及「無神論」，我反問老師：從科學的觀點來說，這個世界上的人和一切動物保持生命最基本的幾個元素，比如：陽光、空氣、食物、水等必須具備，否則無法生存。那麼，我們圖博的老人說，他們曾經見過有人砸開石頭的時候，發現裡面有青蛙一樣的動物還在動，一會兒就死了。這個現象怎麼解釋？因為石頭裡即沒有陽光也沒有空氣更沒有食物，它如何能活下來？還有，據老人說，在我們的家鄉，當家裡的老人快要離開人世的時候，在身體的某個部位打個小記號，過幾年後，當自己的家裡和村裡有剛剛出生的嬰兒的時候，趕快去認證，看到身上有記號的孩子時，會很開心，認為這個孩子是自己父母的轉世，會很疼愛這個孩子的。那麼，請問老師，這種現象用科學的觀點如何解釋？老師沒有辦法回答我這些問題。

我因為不願意作為中共的傀儡，不想再擔任毀謗尊者的新聞編輯記者。於是在西元 1988 年 10 月 06 日，離開安多首府宗喀城(西寧)。下午搭乘前往格爾木市的火車，之後再搭班車經過唐古拉山脈，到達了圖博首都拉薩。再搭卡車經過日喀則到達圖博和尼泊爾的邊界樟木口岸。再徒步歷經艱險的三天三夜，翻山越嶺，到達尼泊爾首都加德滿都的圖博難民收留中心。幾天後搭班車，經過幾天幾夜的路程，終於到了印度北部的達蘭薩拉山區。那裡就是圖博流外政府所在地，過了幾天後，我很幸運地拜見到了渴望已久的達賴喇嘛尊者。

長達三個小時的拜談中，尊者慈悲垂聽了我的敬白，我向尊者報告了據我所知道的，從 1949 年到 1988 年間，在圖博所發生的悲慘事件，當時尊者的佛容變得非常嚴肅。

到了印度之後至現在的漂泊經歷，容許我日後出書再述。在這漫長的流外生涯中，我始終堅持自己的信念，堅持學佛修行，特別是密法。先後有皈依十四世達賴喇嘛尊者為主的圖博各大佛派的多位高僧大德，得到了很多共同與不共的灌頂和傳承。

我想在這裡簡單地介紹一下圖博的金剛密乘也就是「博密」。各位都知道圖博有四大教派和本土的原始宗教苯部教，我們熱貢地區既有寧瑪派也有格魯派還有苯部教。幾千年以來一直是繼承和發揚圖博歷史宗教文化藝術及語言傳統方面發揮著舉足輕重的作用，俗稱「熱貢文源殊城」之譽。精通五明及虹光成就的高僧大德層出不窮，雖然在文化大革命等各種政治殘害破壞中無數次地摧毀了象徵著圖博歷史文化傳統的寺院、佛像、經書等，各教派的寺院和佛像經文統統被拆的拆、被燒的燒，寺院裡的出家眾被迫還俗的還俗、被監禁的監禁、被槍斃的槍斃，真的是空前絕後的大劫難襲捲著整個雪域圖博。從此再也看不到身著袈裟的僧尼們，聽不到悠揚動聽的誦經聲，到處都是怨聲載道，一片淒涼……。

雖然如此，勇敢的熱貢人還是冒著生命危險，暗地裡把珍貴的佛經、佛像轉移到深山嶽林裡藏起來，一直保存到恢復有限制的宗教信仰自由為止，真的是難能可貴，可歌可泣呀！

■ 繼承圖博信仰的幼年故事

我記得當年我從小學畢業後考上中學的那個年代，還是完全沒有宗教自由，沒有人敢念經拜佛，只是在各自的家裡悄悄地念佛。由於歷代祖先和自己的父母都是虔誠的佛教徒，所以我們兄弟姐妹們也就自然地信仰佛法。

我小時候非常孝順父母，也非常尊敬村裡的長輩，長輩們也很喜歡我，常常聽到他們對我的稱讚，說我很乖很聰明很孝順，將來一定是個大有作為的人，也有的鄉親說我的前世是一位未能認定坐床的仁波切……等等。

在上中學期間，自己用蠟紙印刷的方式，印發了講述有關喝酒抽煙的危害的經書給村裡的人傳閱。父親往生後，為了報恩，我從河邊選來很多能夠刻字的石塊，在七七四十九天裡刻完了非常殊勝的咒語，去放在我們江加村最珍貴的歷史古跡「瑪尼堆」上。在刻字時，手指頭破裂滲出了血，但還是堅持繼續完成。

我常常喜歡聽自己的父母和村裡的老前輩們講的故事，特別是當他們講到蓮花生大士剛到圖博講經說法降妖伏魔的故事，深深吸引我，還有歷代圖博大成就者們的戲劇般的人生和不可思議的法力讓我常常難以入眠，像密勒日巴的故事、像蓮花生大士和二十五位大成就者的故事、秘魯紮納的故事、達摩祖師和瑪姬喇珍的故事、熱譯師的故事……等等，使我非常著迷。他們的故事震撼我的每一個細胞，影響我的整個人生。我默默地發誓，我一定要跟他們學習，一定要成為一個修行有成就的人。（恆河往天上引流，修行的功力可以溶化石頭和鐵，穿牆走壁，起死回生，虹光成就…）實在太不可思議了。

■ 虹光成就與菩提心

在這裡，我向各位順便簡單地介紹一下有關虹光成就的事。
虹光成就有三種現象:

1. 人往生時，完全光化，身體完全消失。
2. 人縮小如一尺的孩兒。
3. 只留下頭髮和指甲。

那麼，這些大成就者們又如何修成虹光法身的呢?

圖博的四大教派都有密乘修法，特別是寧瑪派不僅有氣脈明點的修法，更有特別殊勝的最高深的法門「大圓滿」的修法和「金剛身」的修法。

他們用 ཁྲེགས་ཆོད 徹確即徹斷法和 ཐོད་རྒལ 頓超明力法來成就虹光法身，但是你一定要在明師的指導下完成五前行之後，才能進入正行。而在修五前行的過程當中，一定要解決兩大問題，第一是出離心，第二是菩提心。那麼如何解決出離心的問題呢？簡單講還是需要解決兩個問題，其一要看破，其二要放下，當你真正做到看破和放下之後，才能生出發自內心的出離心，有力的一個堅固不退的出離心就比較容易生起菩提心。

談到菩提心，我想說明一個問題，因為，最近我在網上看到有一位朋友說：發菩提心好像要承擔一切眾生的業力。我想這種說法不太正確，需要說明一下。雖然我的佛學知識不夠多、不夠深，但是以我所學到的，瞭解到的有限的知識來講，發菩提心不是要去承擔眾生的業力，不要說我們，即使是佛菩薩親自去處理也沒有辦法承擔眾生的業力，因為我們認知中的佛是正等正覺遍知一切法而不是萬能的。這一點佛陀講的再清楚不過了，佛說：眾生的業力只有眾生自己要面對它，並要自己去承擔和解決，佛菩薩只能化顯為你的老師和善知識來點撥你的問題所在和教導你如何處理你所面對的問題，至於願不願意和能不能解決問題還是要靠我們自己。

■ 佛說的空性與痛苦

佛陀的金剛法語曰：眾生的一切痛苦和不如意是來自於各自累生累世所造的惡業所引發，因此，只有自己去面對它、自己去解決它。絕不會無緣無故地消失在水、土、火、風以及天空中，也沒有人能夠完全承擔或分擔你的業力，即使是最愛你疼你、最在乎你的親戚朋友也在業力面前無能為力，束手無策，只能不斷的安慰和不斷的流淚……。

如果各位曾有聽說過觀世音菩薩的故事的話，那更容易瞭解這個問題。

根據經書中記載：觀世音菩薩為了救度地獄的眾生，曾經有三次親自下地獄，把地獄的眾生一個不留地度到好的趣處。可是，當她第四次再度去看地獄時，痛苦地發現地獄又是滿滿的。沒有辦法，觀世音菩薩開始淚如雨下，也開始動搖自己的誓言，剎那，她的身體變成千手千眼，這個時候，阿彌陀佛出現，請觀世音菩薩不要太過於悲傷，我來幫你。於是在阿彌陀佛的慈悲加持之下，從觀世音菩薩的左右眼淚裡面誕生了白度母和綠度母……。

這裡，我也想順便談一談其它類似以上的問題，我在美國時在網上看到有人批評佛教是如何如何的消極悲觀，說什麼佛教認為人生是痛苦的 life is suffering 云云……。我想他們的這些說法是來自於佛法中時常提到的有關看破紅塵或如何練習出離心的方法和佛陀在第一次說法時講到的四聖諦裡面的第一諦即苦諦時的一些詮釋，實屬斷章取義。

■ 佛法的慈悲療癒

其實佛教既不是積極更不是消極的，它是宇宙萬物的終極的歸宿。佛法是生命哲學和人體科學的最高學說，佛法既不是唯物也不是唯心更不是形而上學，佛法的最高境界是緣起性空。如心經中說的：色即是空、空即是色，空不異色、色不異空。佛法是超越種族、超越宗教、超越政治、超越國界、超越宇宙萬物的自然法則。

我們再來談談人生是痛苦 life is suffering 的問題，佛法從來沒有一味地說人生是痛苦的。反而說人生是多麼的難得的、多麼的珍貴。一直在勸說暇滿人生一定要珍惜，千萬不能白白的浪費掉，而且很有系統地深入淺出的告訴我們如何去好好的把握珍惜並提升生命的意義和人生價值的方法，強調生命是多麼的可貴和難得的道理。因為佛法是非常務實而靈活的，直截了當地指出苦諦及離苦的辦法，開門見山地探討死亡和勇敢智慧地面對死亡問題，從來不會回避任何問題。針對不同根器的人說不同的法門，佛說八萬四千個法門也就是這個意思。還有在學佛修行的過程當中，根據不同次第的人，會用不同的方法來幫助修行人逐步進入正軌不斷的提升境界。

佛說四聖諦的時候，把苦諦分為三個方面來說即苦苦、壞苦、行苦。苦苦是指生老病死等苦；壞苦是比方說你看到好吃的食物吃多了開始肚子痛拉肚子掛急診，喜歡喝酒的人喝多了開始嘔吐頭痛難忍一樣比較容易理解。但是行苦就沒有那麼容易理解，一般情況下，大多數人根本沒有辦法覺察到它的苦，還樂在其中無法自拔。就像有用農藥的食物和有機食物對自己的健康有什麼利害關係一樣，知道健康知識的人會吃選擇健康食物，不知情的人隨便亂吃，結果吃出各種絕症，無藥可救後悔莫及已經太遲了，沒有辦法。

道理是一樣的，佛說的行苦就是指一切有為的造作，包括我們的肉身在內的事物和行動是屬於行苦，它普遍存在於上三十三界至下地獄的一切眾生的身、口、意當中。只是我們沒有覺察到其存在而已，但是善知識和佛菩薩是很清楚地知道這一切的。重點是我們要不要知道這個道理，知道它有什麼好處，不知道有什麼害處。比方說吧，當我們看到一個盲人快要在懸崖上掉下去的時候，他的眼睛是看不到的，這個時候我們會不會馬上喊他不要再往前走，回過頭來？是的，我們一定會這麼做。再來問問自己，生命的意義是什麼？人生的價值又是什麼？人活著到底為了什麼？相信我們一定會悟出一個道理來，從此慢慢地改變自己的一些想法和做法，開始思考一些更深的問題和更大的道理，這就是開悟啦!

有了初步的開悟後，再回過頭來看「life is suffering 」的時候，我們會發現那是真的。苦才是人生嘛！常言說得好啊！家家都有一本難念的經，說的就是苦啊！你不學佛，不修行的話，那麼永遠無法脫離苦海的。而說「life is beautiful 」人生是美麗的人說的是假的、是很大的誤導、是一個美麗的謊言。被欺騙了不大緊。重點是已經耽誤了解決人生最大的問題即解脫。

對我們圖博人來說大多數修行人會用分分秒秒把自己的生命和佛法連接在一起，甚至用生命下了賭注去學佛修行直到圓滿成就為止。所以到今天，我們還有機會看到那麼多的大成就者化為虹光。

■ 台灣古嚴寺的因緣註定

西元 2003 年，我移居到美國。在美國的十三年中，每天除了工作時間以外，充分利用業餘時間作自己的修法功課。很少去逛街看電影，在家裡偶爾看一看新聞和天氣預報。在美國幾乎每一個人每天都在努力賺錢，心裡數的是錢，而我呢？數的是佛菩薩的心咒，所以我跟大多數人的想法真的不一樣。我在夏威夷的最後一年，聽勸于我姐姐的話，辭了工作搬到華盛頓的朋友家裡住。可是幾天後身體健開始出狀況，整個身體變得僵硬，特別是兩臂無法伸展自如，同時也沒有辦法像以前那樣盤腿打坐，更嚴重的是每次我想持咒誦經的時候，發現沒有力氣，就是下氣不達上氣。我想說完蛋了，這一下真的要走人了，好啊，該走就走，早就已經看破了，放下了。沒有任何遺憾也沒有任何牽掛，隨時隨地都可以走人，沒有什麼了不起的！

通常我是堅信上師三寶的慈悲加持力，確信除了愛滋病以外，任何疾病都通過修持佛法可以療愈和緩解的。可是我現在沒有辦法修持任何法門，怎麼辦？真的！我從來沒有想過會發生這樣的病呢？當時我想這個病很可能就是衝著我的修行來的，是一個嚴重的挑戰和考驗。那好，你不讓我打坐，不讓我持咒誦經，沒有問題，我可以躺在床上，心裡默默持咒就好，於是我決定專門修馬頭明王心咒來對治它。馬頭明王是觀世音菩薩的憤怒相，是密宗八大本尊之一。我有達賴喇嘛尊者和滇喜法王的口傳和隨許灌頂，也有每天在修持，就是沒有專門修而已。好了，就這樣每天持一兩萬遍地修。修到將近四十萬遍的時候，身體開始好起來，吃飯睡覺走路都比較輕鬆起來了，更重要的是我可以坐在沙發上持咒一個小時，沒有問題，而且可以發出聲音，有力氣持咒誦經了，也就是說已經打贏了這次魔考了。我深深感恩上師本尊的慈悲加持，佛法真的不可思議！

西元 2015 年的夏天，在一次郊外的朋友集會上，有位朋友建議我去臺灣走一走，可以放鬆一下，這樣對身體健康有好處。他曾經是達賴喇嘛尊者的貼身侍衛，他的太太也是臺灣人，他比較瞭解臺灣的情況，並且介紹一位我們共同的老鄉給我。他叫索南望傑，他們家在臺北，他的太太也是臺灣人，他在法鼓山擔任教授，他們家還有一個佛學會。聽完後，我的眼睛一亮，當下決定到臺灣去看一看。

那時候，我已經開始吃素專門修觀世音菩薩六字大明咒和十一面觀世音菩薩大悲咒。而且六字大明咒已經修到八十萬遍左右。

當我跟好友華旦加提起我決定去臺灣的事，他開始有一點驚訝，問我怎麼突然想去臺灣?他聽完我的想法和我跟索南望傑的互動情況後說，這樣也好，索南他也認識，有索南在幫忙安排，他也安心。

於是，他決定在他們家裡為我舉辦一個歡送會，那天晚上來參加晚餐的朋友很多，每一個人都給我送紅包，總共收到五千多美金，再加上華旦加已經把我的來回幾票都訂好了，(我這群鐵哥們真的是大護法啊!)

到了台灣以後，來到古嚴寺參加古嚴寺大雄寶殿落成典禮暨法傑方丈升座大典，並擔任古嚴寺圖博文教授。我仍持續在修持觀音六字明咒 100 萬遍圓滿和大悲咒 3 萬多遍之後，有一位女士透過臉書訊息直接找上我，想到古嚴寺學習圖博文，但是因為我在兩個星期前就已經開始授課了，她怕跟不上進度。

我勉勵她說只要妳真的想學，並且想在佛法上學習上更精進，我一定負責把妳教會。於是我們在 104 年 11 月 29 日，在古嚴寺下午 3 點 33 分相見，相見時候德華老師父早就在事務所盤腿而坐，似乎等待我們兩人，等待我們由事務所的南北門各自進來的時候，老師父先看淨兒一眼，再看了我一眼，臉上帶著慈母般的微笑，眼裡水靈靈的。像是飽含著觀世音菩薩的甘露，好像把她疼愛的女兒交給了我，她的眼神和笑容到現在我還是那樣的清晰和感動。

淨兒(徐真)除了開始跟我學習圖博文後，在 105 年的元月六日，也成為我的入門弟子，我在古嚴寺的大雄寶殿大日如來座下，我傳了她蓮師相應法以及蓮師心咒，當時淨兒在我傳法時哭得淚如雨下，淚涕滿臉甚至落在了地上。傳授完後她責怪我怎麼沒有交代她要攜帶毛巾和紙巾，我說我也不知道妳會哭成這樣子。她對我說:聽著我的咒語震動，還有念珠碰觸地板的第一聲，她剎那間回到另一個時空，據她說我們在學法上有累生的因緣，她看到我是她之前的一位上師坐在寶座上給上千名的僧眾說法，而她是陪伴在我跟前一個大弟子，後面有一個很莊嚴的蓮師佛像。她告訴我她即將由她另一位武禪師父帶她到北印度仰桑貝瑪貴閉關，我知道那個地方是蓮師的極密聖地，是蓮師的伏藏地極為殊勝同時也極為凶險，去的人多，回來的人少，從古自今很多前往貝瑪貴的人往生在路上，所以我叮嚀她，妳對我很重要，要注意安全，我會在古嚴寺準提佛母面前天天為妳祈求，我等待你平安回來，並交給她兩條哈達，一條為她繫上，一條請她代我獻給蓮師，並且為我在博曆初十那天在蓮師廟的佛塔裡面點上 108 盞酥油燈。

等她回來後，她說她到仰桑貝瑪貴蓮師廟時被安排住進 108 號閉關房。她帶著蓮師的叮嚀對我說:她在馬頭明王伏藏地，她四次被蓮師震攝得動彈不得，蓮師交代她要聽從準提佛母和觀世音菩薩交代與我結成法侶，並且留在台灣傳承金剛密乘，協助顯密相融。

於是我們在德華老師父那裏接受她的開示和叮嚀，老師父說:我們夫婦是千億劫修得來的法侶姻緣一定要珍惜，並且完成佛菩薩們的安排和祝福。老師父特別交代要協助升座的法傑方丈在弘法上利益眾生。於是我們在準提佛母的主婚下與老師父的祝福和法傑方丈及武禪書院何富雄師父的證婚下在 105 年 03 月 29 日結成法侶。

我覺得這段因緣不可思議：其一，當我圓滿觀音六字明咒 100 萬遍後的隔天，淨兒來找我；其二，在大雄寶殿我傳蓮師相應法時，淨兒的特殊感應；其三是淨兒在仰桑貝瑪貴的奇遇再加上德華老師父的開示和叮嚀。我深信這是佛菩薩們的慈悲安排，特別是準提佛母及觀世音菩薩和蓮花生大士的慈悲加護。

於是在 3 個月僅數次見面而已，我們登記結婚成為法侶。雖然我在男女間慾望早已清淨 13 年了，也從來沒有結婚的念頭，只想把下半輩子在修行中精進度過，卻是在佛法因緣和佛菩薩安排之下我們在短短 3 個月兩人決定結婚了。

記得我夫人淨兒對我說，她的皈依上師古嚴寺的法傑方丈對她說：淨兒，你知道嗎?對於圖博人來說學佛是他們的生命，而我們臺灣人學佛是修行。所以台灣人在學佛上的成就是無法與圖博人相比，臺灣人想要真正學佛實修成就的人最好的辦法是出生後立即帶到圖博，從一出生就立即薰習才行。當時她不以為然，可是我們結為法侶之後，她從我的身上深刻瞭解到法傑師父的語意了。

其實我也只是一個平凡的修行人，僅僅是一個虔誠的佛教徒而已。

以上是我的一些人生經歷和修學佛法的一點心得體會。

逃離到印度不久，由尊者和流外政府派遣到瑞士日內瓦，列席 42 屆人權大會時，接受外國記者訪問說明當時圖博境內的局勢

在法國巴黎接受歐洲日報記者的採訪

在英國倫敦與圖博前國軍將領德拉拼措扎西先生和他的夫人駐英國辦事處代表格桑達拉女士合影

在法國巴黎與支持圖博自由的議員在他的辦事處合影

接受西方八個國家各界學術界及新聞媒體訪問後，回到喜瑪偕爾邦首府西姆拉，後為聖雄甘地之銅像

在美國接受媒體專訪後，在華盛頓紀念碑前留影

當選圖博流外政府第 11 屆國會議員之宣誓就職典禮

通過流外圖博人憲章後的議員簽章

完成尊者長久住世祈願法會後與格德仁波切合影

大哥藍卡 才讓 帶著母親遺願，辛苦跋涉來到尼泊爾兄弟相見

大哥和我在印度尼泊爾完成聖地朝聖後，帶著尊者加持的唐卡，
安全返回家鄉時，全村鄉親歡喜雀躍簇擁迎接

帶著圖博政教領袖達賴喇嘛尊者對流外同胞的關懷，徒步翻山越嶺踏遍每一個角落的訪查照片地點為尼泊爾境內珠穆朗瑪峰

極度艱辛疲憊中在簡陋客棧暫歇，與跳蚤螞蟻蚊蟲同宿

印度議會代表團訪問圖博流外議會時的合照留影

在印度達蘭薩拉與卡蜜克總統隨行的合照留念

參觀圖博歷史上的第一次出版發行圖博文報紙的印刷廠舊址
（位於印度嘎倫波）

在達賴喇嘛尊者於美國首都華盛頓的時輪金剛大灌頂法會的時候，
接受自由亞洲電台圖博語編輯記者華旦佳的現場專訪

在美國隱居修行13年後，由佛菩薩安排下來到台灣與古嚴寺住持方丈慧度法師同遊墾丁，在有著與圖博相似的藍天綠草原上合影

在古嚴寺擔任圖博文老師，教授圖博文字

在古嚴寺大悲殿由準提佛母為我與淨兒(徐真)主婚

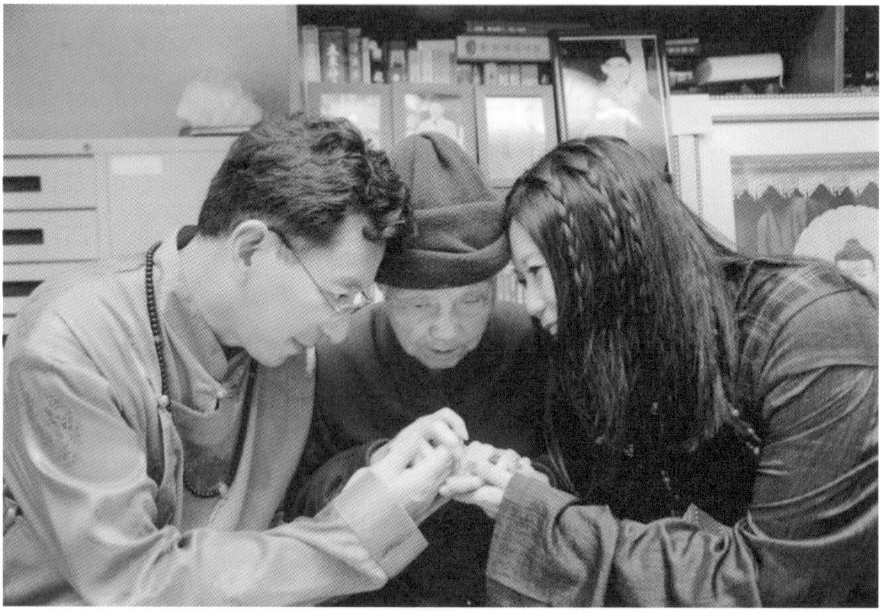

古嚴寺的德華老師父叮嚀囑咐:千億劫修得來的法侶姻緣一定要珍惜，並且完成佛菩薩們的安排和祝福，要淨兒和德格爾莫忘記此生的重要任務

在台灣燦爛的陽光下，感受到台灣自由的可貴，和人民的熱情與善良

參加台北愛之島的邀約演講，並經由 Peopo 公民新聞記者陳信慶先生的專業拍攝和錄影

2016/11/11 應台北愛之島 藍懷恩 女士邀約專題
作"博密與生命哲學"的演講

特別對金剛密乘寧瑪派的大成就者尊貴上師們的介紹

2016/11/01 應邀參加台灣台東都蘭山祈福法會
並說明「圖博」的由來

與都蘭山卑南族的頭目馬來盛共振能量對話與祈福

應卑南族公主陳妲妲的邀請，參加跨越種族和宗教的共振祈福法會，以金剛密乘的唱誦祈福修法，回向共同祝福台灣，風調雨順，國泰民安，世界和平

德格爾常常掛在嘴邊的話：台灣真的是寶島，台灣最寶貴的是台灣人的真誠、勇敢、善良

天無涯~海無角
一切盡在因緣裡~

這本書的書名介紹，我與德格爾老師商量後，決定由我來寫，寫出我們兩人如何在佛法因緣裡如同科幻小說般的相遇，在短短 70 天內決定結成法侶。以及我們成立真德幸福企業社的目的和意義。也簡略說明真德幸福目前完成的目標和未來的展望。

前序裡，我們的相識到結婚過程德格爾老師略有簡述，我也簡述自己的生命過程中超乎常人想像的奇遇。

要寫下神奇的日記，真的有些困難，如同要用醫學和科學角度去敘述一千零一夜的天方夜譚故事。這不是三言兩語可以說得完的啊!更何況這一個真實故事的內容，超乎時空和人類腦袋的想像。由一個在科技業任職 33 年的品保副總寫出來，格外值得令人深思。凡事我們習慣講究數據和科學分析，所以我只能用最簡單的概述來敘述我生命過程中如實經歷。

■ 法緣與恩師

而其過程也不僅僅是我們兩個人的生命經驗描述，促成真(徐真)德(德格爾)相遇的因緣，還有我人世間的三位恩師，以及虛空中的三尊佛菩薩們的加持和教導。內容過於神妙不可說，如果讀者有興趣我們會再出書發表，目前只能用最簡單的方式略說。日後會再翻譯德格爾老師曾經發表過的中短篇小說和詩集與在國際演說的傳記，會以中文翻譯出版。這就是我們當初成立真德幸福出版社的動機。

在這本書的前序裡，有我三位恩師的簡介，他們在我的生命中是非凡的貴人，也是智仁勇代表的人物。

當在這個被很多人以為是末法時期的時候，能夠遇上像我的三位師父那樣的明師，是萬劫難遇的幸運!事實告訴我們，只要有這樣的明師在世的時候，正法依然存在。只要我們的心保持一分正知正覺，就如明燈指引我們打開眼睛，看到真相。當然啦！要遇見這樣的明師需要相當的善根和福報。

很多人用不可思議的心情或是過於浪漫的態度去看我們真德相遇的傳奇經歷，而大部分的讀者認為我是一個很有福報善根的人，當每次聽到別人對我的稱讚時，我卻常常懷著懺悔的心，戒慎的心去看待這些不可思議的加持和祝福。我之所以有這些佛恩和師恩的加持，並不是我有任何的修為，因為我自己知道在我的這一生中，我並沒有在修行上非常地精進，但是我深深知道這一切的幸運來自佛恩和恩師。所以在修行的路上能夠找到一位真正了解你的善知識真的很重要。

這也是金剛密乘所強調的根器和根契，我很幸運遇到這三位恩師，雖然都是生長在台灣，但是他們與我的金剛密乘根本上師德格爾老師都有相似的寧瑪派的法脈。他們的共同上師同是也是第二世敦珠 法王，並有法王多次的灌頂。

我想在這裡簡單敘述，我與我四位尊貴上師的相遇故事。

不可不說的是除了這四位人間上師之外，另外還有空中慈愛的母親即觀音菩薩對徐真在歷劫時的提點和保佑以及準提佛母威猛的加被與教導，還有後來在仰桑貝瑪貴的馬頭明王伏藏地親自感受蓮花生大師從空中突然急降下來的無比威攝力，瞬間讓我深深被震攝與臣服，領受蓮師的威攝力讓我無法招架動彈不得的經驗，是我從來沒有的經驗過的，當下整個人空掉了，像是被點穴，全身動彈不得，嘴巴無法說話，但是腦袋比平時還清楚。

在之前的經驗中，每當我遭遇危難之時，只要用準提咒結界，無論夢裡或是在現實中沒有解決不了的問題。用準提心咒是我從小到大一慣使用的護身咒，其快速力與威猛力摧毀力不可言喻。當下內心並無恐懼感，當我如同往昔一樣誦唸準提心咒的時候，奇怪的事發生了，準提咒失效了!越是持念，身體不但沒有鬆開，雙腿反而就像千年樹根一樣，一直快速下降如同樹根急速往泥土裡沉下去，非但無法拔出，繼續下沉。豈有此理!?在蓮師的極密聖地，怎會有如此霸氣無理的能量存在!?正起此念時，心中傳來一個聲音說:孩子，既然知道這是蓮師極密聖地，怎會不知道我是誰呢?當下恍然一悟!難道是蓮師親自下降!?

難怪準提咒無法結界、無法突破、無法摧毀這股霸氣能量，難怪越是持咒兩腳越是往下紮根，原來是蓮師親自下降。我還是想要再次確定便問:我如何確定您是蓮師?!

心中又傳來聲音，若不信，我會再三次震攝妳並三次放掉妳，直到妳完全相信臣服為止。我再問：那為何您親自下降並震攝於我呢!?

蓮師說：因為淨兒抗拒不聽從觀音菩薩的叮嚀與準提佛母的囑託，所以必須由我親自來傳達我的意思，這樣妳才肯甘心接受並完成菩薩囑託妳的任務。接回蓮師之子德格爾與他結成法侶，根留台灣，讓金剛密乘在台灣紮根，我就要妳們一同傳承蓮師法教。

果真從馬頭明王伏藏地到回蓮師廟的路途中，蓮師再次親自下降，又再三次震攝三次放開我，祂讓我臣服並允諾回台灣後如實告知德格爾老師蓮師四次震攝我的經過。

這師恩、佛恩裡的奇遇真的讓我無法用言語和文字來表述萬分之一。

■ 重生

我出生在台灣的小琉球島嶼，10 歲後隨父親搬遷到台南定居，從事了 33 年的科技品保最高階級管理後，於 2016 年退休即和德格爾老師成立「真德幸福企業社」。而德格爾出生於喜馬拉雅的雪域高原，這兩個人如何相遇？又如何在人生半百後，就在相識七十天內結成法侶？如果要真正說明，懂得佛法和接受佛法的人會讚嘆佛法不可思議，但是不理解佛法的人會有些失望和懷疑吧!?因為我們的相遇，絕對不是因為一見鍾情的衝動，也不單單是為了相濡以沫的同命相依或是千年神話般的愛情動漫故事。我只能說每一個人的因緣不同見解也不同，如同我常說:每個人的生命經驗無法完全經由別人去體驗，因為每個人的命運安排無法複製拷貝，生命離不開因緣因果業力。

觀音菩薩是我們的媒人，準提佛母為我們證婚，蓮花生大士為我們主婚，這話對不信佛法的人看來，認為不可思議而且荒誕，但是深信佛法的人也許會認同這一切的發生。

我曾經在 2003 年，就是台灣被 SARS 肆虐的同年同月，被南部幾家大醫院診斷為癌症、小腦萎縮、脊椎斷裂、左眼盲瞎。名醫師們的會診表示，我的生命不可能有奇蹟，因為就算癌症不死，也會變成癡呆，或是終生殘廢！而且左眼也曾被三家醫院診斷完全失明。在那一年，一對薛姓的賢伉儷透過電話對我說:他們受到準提佛母指示，要送給我準提佛母的唐卡和他們多年修持用過的準提鏡與我結緣。當他們把準提佛母唐卡交給我時，我悸動萬分，因為那是我多年以來，一直尋找的一位右手高舉著一把長劍的觀音像，因為我從小在夢裡多次看見過這樣一尊觀音。我終於找到祂，至今我還深深感恩這對賢伉儷。因為我的人生從此發生很多不可思議的事，我深信是準提佛母的神威加護，讓我突破了醫生認為不可能的事變成可能。我身患癌症沒有死，小腦萎縮沒有癡，脊椎斷裂沒有殘，左眼重見光明。最奇異的是，我並沒有做任何癌症化療電燒或針對小腦脊椎開刀或眼睛幹細胞重建等的任何手術。

隔年，我在準提佛母引導下到了古嚴寺，皈依了慈悲的德華 老師父。每當我只要靠近她，就感到無比的慈母般強大能量，我的淚水就會像泉水般湧出，她的慈悲像海洋，引領我如同小水滴般的流向她的懷裡，匯聚成慈悲大海回到原來的最初處。不只是我，應該有成百上千的人與我一樣，見過她的人，都有與我一樣的感受和感動。

所以我把她當作媽媽，當作如同觀音菩薩般的媽媽。

而且我把自己的父親和兄姊全帶去皈依她，她那時候記憶超好，只要皈依過她或是她見過的人，有一陣子沒有回到寺院，她就會如慈母般急切關心她的孩子，而且不斷透過認識的人詢問其下落，急切問：他好嗎？健康嗎？順利嗎？怎麼這麼久沒有回家(寺院)？德華老師父真的是不論年紀大小皈依者的慈母，她永遠是我們感到依怙的慈母啊！連我八十好幾的父親也是她的皈依弟子和孩子呢！

2009 年醫生再度宣判我癌症復發，情況危急可能撐不過 100 天，要我回到醫院電燒或化療。我拒絕任何治療，其實那時候我很平靜甚至喜悅等待死亡的到來，因為我自覺今生所欠業力都已還清，什麼時候往生對我而言，就像回家般的自在和解脫感。唯一令我擔心的是，如果有一天我突然往生了，德華老師父會不會也在寺院四處尋找我的下落，心急問人:圓真呢？圓真怎麼這麼久沒有回家啊？(我的法名圓真)她好嗎?她順利嗎?健康嗎？我不忍心經由別人告訴她我往生的消息而讓她難過啊!那會讓我感到遺憾和不孝，於是決定到寺院去向德華老師父告別，並且說明可能是我這生中最後一次來看她了!她慈愛的眼裡，充滿憐惜，堅定的告訴我:圓真啊！妳不會死，非但不會死，師父還知道你將有觀音菩薩和準提佛母交給妳的重大的任務。於是她要我回寺院閉關，我不會期待能繼續活下去的奇蹟發生，反而期待死亡的來臨。但是不能違逆如慈母般的老師父，所以還是乖乖回寺院閉關。閉關十天後，奇蹟真的發生了!回家三個月後，再到醫院檢查，報告顯示所有癌細胞消失無踪，身體出現逆齡與回春。

於是，我回到寺院向老師父和法傑法師報告:等我滿 50 歲時，就要退休，而且希望能在古嚴寺圓頂出家，以便能完成菩薩交給我的任務。當時老師父對我微笑而不回答，略帶有幾分神秘。

重生後，我也拜見了一位少林寺嫡傳的武禪書院何富雄師父，他是武禪宗師，把武禪的涵義推到最高境界就是「止戈」，在我成為武禪書院學生，學習劍術和氣功，但是我不是精進的好學生。何師父從未責怪我在武術不精進，還因為我的頑皮滑溜暱稱我「小泥鰍」。在我心中他是一位文武雙全勇敢的英雄人物，不只是師父而是當作父親般尊敬與崇拜的英雄。他鼓勵我要在金剛密乘方面去提升，何師父曾在 2011 年就對我預言:會有一位來自雪域的金剛上師，成為我的法侶，這法侶如我的父親，又如我的上師，疼惜我，保護我，引導我在金剛密乘的法門中習修，回到雪山上最初原來的地方。那時候頑固調皮滑溜的我沒有辦法相信這樣神秘的預言，並有一種莫名的恐懼，因為那時我對金剛密乘有一些誤解，特別是有關於雙修的傳說，讓我不安甚至排斥。

■ 因緣結識

在 2015 年 10 月 10 日，我把好友若愚畫給我的一尊紫蓮淨觀音菩薩帶到古嚴寺，請慧度法師(現任的法傑方丈，他是我認為一位很有智慧且有實力的法師)幫我為觀音像加持和開光。記憶深刻的是個子不高的法傑方丈拿裝了框的觀音畫像，彷彿施展輕功，一下子蹬上不算矮的佛桌上，然後把觀音供奉在準提佛母佛像的前排的佛桌上。我在大悲殿裡透過肉眼觀看這幾秒鐘的那一幕，卻像是透過巨大螢幕慢鏡頭看著電影般的影像，鏡頭由近至遠，由前排巨大紫蓮淨觀音接著後面是威猛金剛準提佛母，佛母後是碩大千手千眼觀音，觀音菩薩頂上是阿彌陀佛莊嚴相，所有的一切是如此殊勝莊嚴，又是如此貼近熟悉，我如同遊子回家遇見父母一般，情不自禁地頂禮叩首跪膝趴伏痛哭失聲。慧度法師等我哭停淚未乾，即說：真兒我們去喝茶吧！有事與妳詳說！

於是陪同我送畫來的若愚畫家賢伉儷，還有義弟文察師兄一行七人走進事務所喝著茶聊天。慧度法師說：真兒妳不能出家了！我急問為什麼？他說：因為妳有重要任務！我笑回他：要讓我出家啊，要透過真正實修才能接下重要任務啊！他搖頭笑說：一旦讓妳出家，就沒有辦法接這個任務了。我急忙回答：我慚愧，我懺悔，我無學無修，無德無才請法師另派人接任務吧！他說：除了妳之外，這世上沒有人可以完成這項任務！

那天從寺院回來，我很失望，原本約好要出家的事，怎麼變卦了?!

內心很不是滋味，什麼神秘任務非要我接下不可?後來幾天，不論在夢裡或是醒著時，都能清楚聽到觀音菩薩和準提佛母的叮嚀:有位雪山來的獅子，會來到寺院教授圖博文(藏文)，妳要護法他，讓他根留台灣，成為法侶，要完成任務！

原來是想要出家，如今卻變成要出嫁?!煩躁的、不甘心的像孩子哭了一個多月後，看不到雪山獅子的到來啊!也就安下心來了，笑著自己嚇自己，哪來的雪山獅子啊!就在解開心防破涕為笑之際，雪山獅子真的來了!嚇我一跳！原來古嚴寺來了一位從美國飛過來的老師開始教授圖博文，我從臉書得知消息時，他已經教授第二堂課了。

我已經決定預備在 2016 年的 01 月 10 日，將要去北印度蓮師的極密聖地仰桑被瑪貴，修千手千眼觀音紐涅。但是礙於沒有口傳，不懂圖博文字和金剛密乘基本咒語。

2015 年 11 月 29 日那天，我硬著頭皮鼓起勇氣來到古嚴寺，拜訪這位早就被預言會到台灣的雪山獅子。我們初次相見那天，德華老師父早就笑咪咪地坐在事務所的中間位置，看著我們倆從前後兩個門進入，然後微笑開心看著兩個人見面說話。

當下我決定跟德格爾老師學習圖博文，並表示希望他可以幫助我學習金剛密乘的一些咒語，比如蓮師祈請文和蓮師心咒。

2016 年 01 月 04 日，我成為他的弟子，在大雄寶殿內在大日如來座下，我皈依他，成為他的學生。當他持誦與上師相應法及蓮師心咒時，聽著他持誦聲音震動，不斷轉動的佛珠敲響地板聲音，頓時，時空回到古老的博式寺院，寺院有數千名僧人，我看到古老寺院高大天花板上高掛垂下五色綢緞的布幔，他的背後有一尊留著微翹鬍子的莊嚴蓮師唐卡，德格爾老師的法座是在高處，而我是他座前的弟子，跳躍的時空隨著德格爾老師唱誦的聲音，轉動的佛珠敲響大雄寶殿的地板，當天金色夕陽整個投射在德格爾老師身上，在這樣的巨大時空交錯，我早已哭得整個臉上都是眼淚和鼻涕，淚水流在脖子，濕透胸前，也滑落在地板上，整個時空被咒語聲音轉動，穿越著歷史，在上師相應法裡我跨越時空，看著自己身上穿著紅色法衣，是個出家僧人，是服侍在他座前的大弟子，看到歷史螢幕就是情不自禁噴淚潰堤。

傳法結束，我很尷尬，在他面前哭成這樣子，鼻涕都吃進嘴巴，很難為情，忍不住抱怨他，怎沒有交待要我帶手帕或毛巾?

他無辜回答我，他也不知道我會哭成淚兒人哪!那個讓我自今還耿耿於懷的是：他的上衣口袋，明明放著一條手帕呢！怎麼就像木頭人一樣，不肯拿出來借人家呢!?

2016 年 01 月 06 日德老師在我的脖子繫上白色哈達，也託付我另一條哈達帶到仰桑貝瑪貴的蓮師廟獻給蓮師。並希望我在蓮師下降日那天，幫他點上 108 盞酥油燈，還有掛上五色旗。

臨行前，在報恩堂前他要求與我合影，並深情莊重對我說:淨兒，妳將會是我很重要的人，請務必為我珍重並且平安回來！我會在這裡請求佛菩薩保佑妳一路順風。

■ 覺醒

其實婚後來我們彼此確認，今生第一眼初見時就知道我們彼此都是自己認定最重要的人，只是誰都不願意說出來。德格爾老師在美國淨身十三年，而我等待出家也已經有五年，當時心裡想就默默支持德格爾老師，照顧他起居就好，不會想有進一步的突破，關於所有師父的預言和菩薩的交代我選擇沉默不說，於是我們暫時就維持師生關係。

我到了極為艱辛凶險的仰桑貝瑪貴修紐涅，因為極度凶險自古很多人往生在來回路上，我也請律師為立下公證遺囑後，才出發到極密聖地修行。德格爾老師留在古嚴寺天天為我祈福，請求觀音菩薩和準提佛母保佑我平安歸來。

而當我戴上他的哈達時，知道這份緣分再也無法逃避，但是依然固執地不肯對他說明所有師父們的預言和交代，還有準提佛母與觀世音菩薩天天在耳邊的叮嚀囑託。我把對他的思念帶到喜馬拉雅山上去，在屬於他生長的雪域裡想像著他穿上圖博服後的俊俏帥氣英姿。

那一年，我把台灣陽光化成對他的思念帶到了雪山，出乎意外 20 天雪山竟然在過年沒有下雪或下雨，白天都處在溫暖的陽光裡。那些天，他在古嚴寺的大悲殿準提佛母面前，祈求佛母保佑我一切順利，平安回到台灣，在那分離的幾天他天天到在古嚴寺大悲殿準提佛母前，為我祈福，聽說那一年在台灣的平地也降下雪。

在仰桑貝馬貴馬頭明王伏藏地，頑固的我終於見識到蓮師的威攝力，四攝四放讓我臣服觀音菩薩和準提佛母囑託及所有師父們交託任務。回台灣後我們相見於古嚴寺報恩堂前的涼亭，我把我被蓮師震攝臣服的經過帶回來告訴德格爾老師，德老師說:我雖然沒有想過要再結婚，但是深信佛菩薩的慈悲安排。於是我們在短短認識 70 天完成訂婚，認識 100 天後，在德華老師父的祝福中，由法傑方丈和武禪書院何富雄師父的證婚下結婚正式成為法侶。

目前在台灣德師父有許學生，為了協助許多想要學習金剛密乘的學生，我們已經編輯出版了簡易法本。這法本裡選用了對治現代人面對的身心疑難的解決辦法既簡單、實用、安全的一系列修法。

我們成立真德幸福企業社的宗旨，一直認為真正修行就應該在每一個當下的食衣住行開始回到最初原來的清靜和自然，以保證在修行的路上有個健康身體，這一點很重要。不能在汙染下失去本來的純淨，所有善良的心願和利他的行為應該從人類健康的飲食開始。

除了真德幸福文化出版社外，我們在護僧護生的初衷的動力下製作真德幸福天貝，用有機和友善豆類發酵，製成營養價值遠遠高於肉類的食物，不想讓僧寶們繼續吃有毒的食物(如基因改造、農藥與除草劑濫用食物)。未來更會結合無毒種植及發展友善農作食物。

我們深信佛法的弘揚應該從保護僧寶開始，希望三寶弟子們重視出家法師們的健康問題，同時注意自己和家人的飲食。

我們只想讓更多學佛的人，尤其是學習金剛密乘的學生們，了解學佛的過程中，需要累積更多的功德轉為資糧。修資糧的方法有很多種，但是齋僧護僧的功德是非常之大。希望有緣拿到這本書的人能與我們一起齋僧護生。

同時也期盼更多人的覺醒，明白人類對地球的傷害，已經到最嚴重的時刻。為了我們的子孫後代的幸福和健康不要再毒害大地母親，給出去的最終回到自己這就是因果規則，所以愛護地球，也是愛護眾生，眾生裡也包含每一個自己。

德真佛堂希望以圖博國王赤松.德真 在西元 810 年時迎請偉大蓮師入圖博的殊勝因緣之後，德格爾與徐真在台灣延續緣蓮師教導，在德真金剛密乘佛堂蓮結與蓮師具緣弟子傳授簡易金剛密乘基礎和入門每日簡易功課習修

札希德勒!吉祥如意!德真佛堂祝福結緣這本法本的人都能時時清淨自然，回心想事成，闔家平安。

仁真 卓格爾 徐真于台灣台南永康 2021 年 01 月 11 日

2011 年 7 月，獨自一人前往德格爾出生地，圖博安多塔爾寺
（那時候還未曾見過德格爾上師）

2011 年在雨中布達拉宮前留影，整個旅程天天感動哭紅雙眼

2015 年 10 月 10 日若愚師姐為我畫的觀音送到古嚴寺請方丈加持，竟成了我和德格爾的媒人，方丈說：淨兒不能出家要接下"特別任務"。

2016 年 01 月 10 日由武禪師父何富雄老師帶領我們勇渡雅魯藏布江
前往極為凶險的蓮師極密聖地仰桑貝瑪貴，朝聖與修法

參加蓮師廟開光典禮暨蓮師薈供共修法會

2016 年佛陀誕生日，由武禪師父何富雄老師擔任證婚人為我們主持婚禮

在德老師同鄉索南王傑教授賢伉儷及我義母的祝福下我們成為法侶

敬愛的師父和師母為我們證婚，並接受好友陳民芳書法家和善知識闕蓮珍居士的祝福

感恩古嚴寺連結我們結為法侶的因緣, 與法傑方丈共同主持山淨煙供

2019 年 12 月帶著夫人仁真卓格爾（德徐真）在桃園機場飛往香港後轉機，在 12 月 4 日凌晨到印度首都新德里。

2019 年 12 月 4 日清晨 4 時和夫人一起離開新德里飯店，再搭乘飛機飛往達蘭薩拉。離開達蘭薩拉，驚覺已經有 16 年餘，再次回到第二個故居，想到之前在尊者身邊以及擔任流外政府議員工作生活的點滴……想起幾十年的所有回憶，我這一生無怨無悔的把我人生最精華的歲月，用不計生死的奮鬥都獻給了苦難中的圖博人，是我對上師的供養和對圖博人的一種報恩。

這所有的經過如同小說傳奇，也如同在幻夢般一樣，我也已經將之完整紀錄，前國會議員也是某格西叮嚀再三，我也答應他將這些紀錄發表出版成回憶錄留予後世。

於 2019 受邀參加宗喀巴大師圓寂 600 周年紀念大會，於 12 月 04 日到達達蘭薩拉嘎格機場。

離別了十六載後，帶著夫人回到印度北部達蘭薩拉法王宮，拜見了法王如意寶，這天正好碰到蓮士下降日，此刻感動和幸福的心情難以語表！

當我簡單稟報我在美國生病後，趁有些好轉時，去了臺灣。在高雄古嚴寺認識了現在的夫人，她們家也是佛法家庭，她自己也一直以來學佛修行。我來到臺灣的這些年都靠她的幫助和愛護，身體也慢慢好起來。這次能活著回來再次有機會拜見法王佛容一面，完全是她的功勞。

我還有稟報：雖然我遠在天邊，當我聽到尊者答應為了眾生要住世113歲後，非常感動也非常開心。希望尊者一定要長久住世，越久越好。

法王如意寶聽過後交代我：要好好養生，放鬆心情。

真德幸福

JD-Happiness

「真」是原來最初
「德」是最初原來

以虔誠的心來實踐
用祝福的愛去交託
就是真德幸福

真德不只是一種理念，更是一種實踐。

幸福是在食衣住行上，回到最初原來。

幸福的定義是什麼？
很多人的答案可能不一樣，
但是廣泛的來說：
就是身心的愉悅滿足。

WOODSTUCK

真德幸福的理念

真德幸福企業社的成立目標
就是引導每一個人都能幸福。
每一個人都能把健康和愉悅
實踐在食衣住行的每一個當下。
真德幸福天貝開始了，
你們開始了嗎？

真德幸福的故事

每一個人，對於幸福都有著憧憬和期待。幸福是溫暖的，是一種從內心散發出來的快樂感，會讓人喜孜孜笑出來的那種甜蜜，身心健康之外，靈性找到歸屬和目標。

徐真和德格爾相遇後，真德幸福就開始了。

徐真出生於台灣的小琉球海嶼；德格爾出生於喜馬拉雅山的雪域獅子，在他26歲時放棄一切並冒著生命危險，經歷千辛萬苦跋涉到印度後，即追隨尊貴的上師達賴喇嘛尊者身邊，並擔任流亡政府的國會議員和多麥省省長，飛過數十個國家作為尊者對外的國際發言人，十餘年後卸下重任，在因緣安排下到美國隱居修行13年，104年底來到台灣。

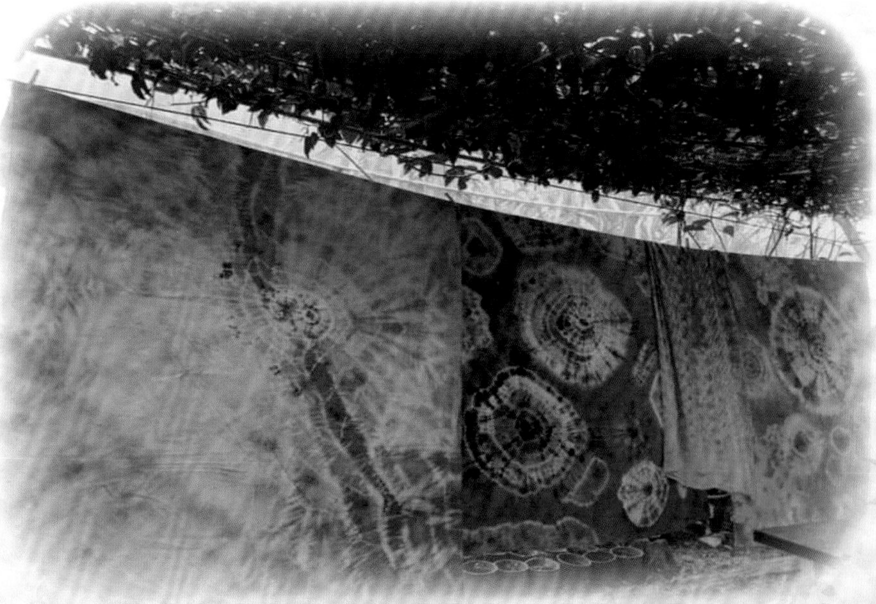

徐真與德格爾在菩薩們和上師的安排下，
兩個人在寺院相遇結合成為修行法侶，
「真」是原來最初，「德」是最初原來。

於是決定把真德的理念結合在一起，希望帶給更多人共享、共響、共好「真德幸福」。

幸福是在生活上的每一個當下，身心都能健康、愉悅、滿足，也就是在食衣住行中健康自然沒有汙染和毒害，這是真德幸福的目標和理念，所以堅持不使用基因改造和落葉劑、除草劑及化學農藥汙染食材。這是我們對所有人的呼籲，不要再傷害自己的身體，不要再毒害地球母親。

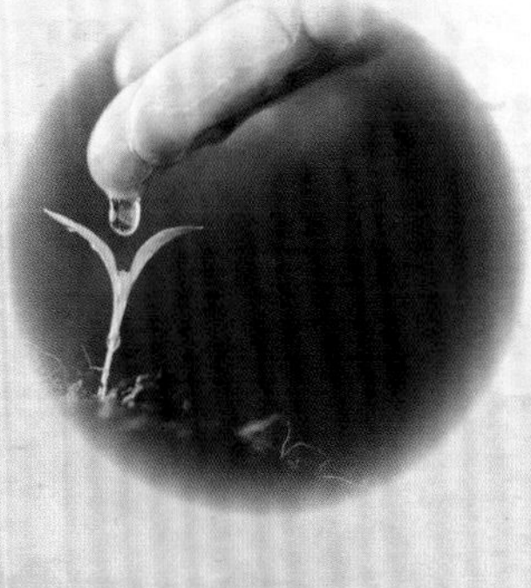

天貝的介紹

天貝又稱丹貝，是印尼的傳統發酵食品，大多是由黃豆製成，將黃豆去皮、加熱煮熟後，加入寡孢根黴菌（Rhizopus oligosporus）發酵而成。

天貝可以替代一些肉類，這對於素食者來說是很好的享受，而且天貝的營養價值也是很高的，含有多種的氨基酸，都是我們的身體所需的也容易消化，可以促進能量代謝、降低膽固醇、甘油三酯和抗氧化，能有效溶解血栓，降低心腦血管壓力。蛋白質消化吸收率：從大豆的65.3%提高到93.8%

天貝的營養特性

1、低脂高蛋白：蛋白質高於牛肉，脂肪比牛肉低，適合健身和追求完美線條者。

2、易消化，易吸收，不脹氣：通過發酵激發，比豆漿、豆腐、納豆的營養價值更高。

3、比牛奶安全的高鈣：牛奶中的鈣導致體質酸化，過量地攝取可能引致脆骨、骨折與癌症。

4、豐富的維生素及礦物質：大豆發酵後，維生素B12在增長尤為引人注目，同時也有鈣、磷、鐵、鋅等礦物質。

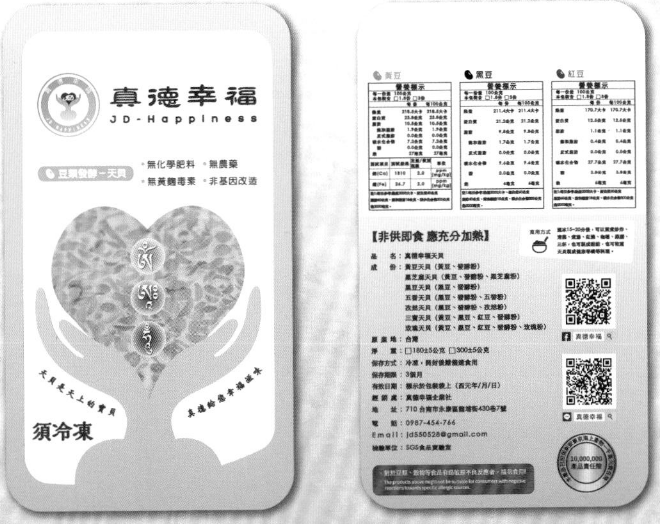

5、富含益生菌:對腸胃有益，在腸內形成一道保護膜，預防一些會讓人腸道不適的病菌。

6、抗氧化:發酵後的天貝異黃酮比發酵前，有更強的抗腫瘤活性，特別是對激素依賴型腫瘤。

7、血糖:天貝的蛋白質和纖維素能降低血糖，可防止糖尿病併發的心腦腎病。

天貝類的發酵食品還能增強抵抗力，也能調節食慾，減少大家對糖和精緻碳水化合物的渴望。

除了天貝之外，我們還有自然植物染布教學、健康飲食諮詢、自然醫學義診、接地氣與氣功練習、圖博回春瑜伽學習，我們會提供場地，等待大家一同來參與。

將來還有德格爾圖博文教授和簡易金剛密乘居士的簡易功課學習。

「食物是身體健康最重要的管理師」—《食物是最好的醫藥》(Henry Bieler, 2000)，更透過雷久南博士的研究報告，我們才深入明白身邊許多尊敬的法師，因為使用飼料級基因改造的黃豆加工素食，而造成嚴重的疾病或病逝，甚至更多素食者也有相同的情形。

因此，徐真和德格爾堅持成立真德幸福企業社，民以食為天、食是人下有良。我們堅持以最純善的「良」食，提供真德幸福的消費者。

食在安全

食在健康

食在幸福

產品介紹：

黃豆原味、黃豆黑芝麻、黑豆原味、黑豆五香、黑豆孜然、三寶原味、三寶玫瑰。目前有以上七種產品，針對個人口味喜好不同及身體狀況需求所研發製作。

值得注意得是，於天貝料理中亦須謹慎挑選油脂之搭配，若為一般人食用建議盡量使用高吸收率，高代謝性，高水解性且對人體無囤積性之中鏈脂肪酸(MCT)運用於搭配天貝料理中，符合(升酮飲食)之健康定義。

素食者須注意於日常飲食中幾乎毫無機會攝取飽和脂肪酸，於油脂健康脂之均衡性亦長期失衡而攝取過多的 Omega-6多元不飽和脂肪酸及無法攝取足夠之優質蛋白質為眾多疾病之根源。

天貝料理中所使用之油脂亦為極重要的健康考量，惟有全面性的考量才能造就了，全面性的圓滿健康概念。

真德幸福

真德幸福

仁真卓格爾的圖博語目前還不是很熟練，只是感動又哽咽地對著法王說：佳哇仁波切啦 札西德勒。

法王慈愛的看著她並握住她的手說著：ཡ་ཡ་ སྙིང་རྗེ། བཀྲ་ཤིས་བདེ་ལེགས། ཡག་པོ་འདུག 好 好，很可爱，扎西德勒。

我的夫人多次跟我提及，她在與我見面前，曾經在媒體上看過尊者演說「慈悲的意義」，偉大慈悲的尊者在媒體前，幾度哽咽和落淚，她見到的尊者哭泣也跟隨著像孩子般的哭泣落淚。以後她只要經由媒體轉播她聽到尊者的聲音，看到尊者的法相都會感動忍不住地感動和落淚。

經由我說明後，她明白對我說：「尊者就是觀音菩薩的化身。是觀音慈悲融化她的心，是甘露潤化她的眼睛。」

這一天拜見尊者的所有信眾，都因為夫人和我禁不住的淚水，也全部跟著我和夫人一起落淚。

我曾經對夫人說：妳是一個很有福報的人，尊者是觀音菩薩的化身，一般人要見到他是非常不容易，特別是尊者現在已經高壽。圖博人都認為只要能見一面尊者的佛容，就算第二秒鐘當下死掉，也無所遺憾了!見到尊者佛容的當下就得到相當於修滿一個億的"六字大明咒的功德"。

我帶夫人拜見法王後，所有認識她的仁波切和格西啦們，同時驚嘆讚嘆對夫人說:妳可以這樣接近依靠著尊者懷裡，妳這個台灣女生是多麼大膽勇敢和幾世修來的福報啊!

並且叮嚀我的夫人：回台灣後要跟著德格爾好好珍惜難得的佛緣，更要精進修法利益更多的眾生。

ཕྱི་ལོ་༢༠༢༠ ཟླ་༡༠ཚེས་༢༣ཉིན། ཐེ་ཝན་འདོད་འཛོ་མཚོ་གླིང་གི་རྒྱལ་ས་ཐེ་པེ་རུ། མ་མཇལ་ལོ་མང་སོང་བའི་ཕ་ཡུལ་གཅིག་པའི་མཛའ་འགྲོགས་ཆོས་གྲོགས་རྣམ་གཉིས་དང་ཡང་བསྐྱར་དགྱེས་འཛོམས་ཀྱི་སྐལ་བཟང་ཤར་སྐབས་དྲན་རྟེན་དུ་བསྒྲོན་པའི་འདྲ་པར།

གཡོན་པ་ནི། ༧རྒྱལ་བ་ཡིད་བཞིན་ནོར་བུའི་སྐུ་སྲུང་ཟུར་པ་སྐུ་ཞབས་འཇམ་དབྱངས་དར་རྒྱས་ལགས་དང་།
གཡས་པ་ནི། ཐེ་ཝན་ཧྥ་ཀོ་ཧྲུན་གཙུག་ལག་སློབ་ཆེན་གྱི་དགེ་རྒན་བསོད་ནམས་དབང་རྒྱལ་ལགས་རེད།

西元 2020 年 10 月 23 日，久別重逢的兩位同鄉法友于寶島臺灣之首府臺北歡聚一堂時的紀念照。

左為十四世達賴喇嘛尊者的前侍衛佳陽達吉先生。右為臺灣法鼓大學教授索南望傑先生。我之所以能來到台灣並在這裡重組幸福家庭，安度暇滿晚年，過上美好生活，是離不開這兩位良友的熱情相助的。

請用圖博或博區來取代“西藏、藏區”

圖博流外國會的一項重要決議

從現在起，以達賴喇嘛尊者有關圖博政教方面的教導為主的圖博宗教文化和歷史文獻，特別是我國的所有官方的博中翻譯以及我方主辦的中文報刊雜誌上，一律不得使用中共所謂“西藏”為代表的一切新名稱。將以“圖博”或“博”來取代之。

同時要求在博中文翻譯過程中，遵循以譯音為重的原則下，根據圖博各地的山水地名村莊之名等，一定要以當地圖博人的傳統叫法為準則音譯，停止使用一切中共強制推行的新名稱。

十二屆圖博流外議會第六次全體會議一致通過

提議者：圖博國會議員 德格爾才仁（現移居台灣台南）
支持者：圖博國會議員 貢寶措
西元 1998 年 9 月 22 通過
地點 印度北部達蘭薩拉 鋼堅吉雄 圖博流外國會會議廳
圖是奮發圖強的圖，宏偉藍圖的圖。
博是博大精深的博，代表佛法；博是博愛眾生的博，正好代表歷代達賴喇嘛尊者的精神。

建議：
請用圖博或博區來取代“西藏、藏區”
請用圖博精神領袖來取代“西藏精神領袖”
請用圖博語文或博語博文來取代“藏語、藏文”
請用圖博文化來取代“西藏文化、藏族文化”
請用圖博人或圖博人民、博巴、博人、博民來取代“西藏人民、藏族人、藏民、藏人”等字眼。
請用圖博佛教或博傳佛教來取代“西藏佛教、藏傳佛教”
請用圖博醫學或博醫、博藥來取代“藏醫、藏藥”

請用博學研究來取代“藏學研究”
請用博歷年來取代“藏曆年”
請用博中或博華民族來取代“藏漢民族”
請用圖博高原來取代“青藏高原”
謝謝！願佛菩薩保佑！祝您吉祥！

德格爾 西元 2014 年 5 月 21 日　美國華盛頓

密法修行

Chapter 2

德真佛堂金剛乘持明修密士每日簡易功課

密宗的根本功課—四皈依

ཆོས་སྐྱབས་འགྲོ་མ་བྱས་འདོན་སྒྲོལ་མེད། ཟས་མཆོད་ཁ་མ་འབངས་ཟ་སྒྲོལ་མེད།

沒有皈依不念經　　未曾供佛不用餐

這是圖博人經常說的一句成語，它足以說明皈依的重要性。

我之所以在中共紅色教育之下，還能夠遇見佛法，完全是從四皈依裡開始的。

在大學的時候，我們一群熱貢同學偷偷地去拜見剛從監獄裡出來的 夏日東仁波切，聽了仁波切詳述有關皈依法的開示之後，使我對佛法產生更加濃厚興趣，經常用課外時間跑到圖書館閱讀佛經，每每都是欲罷不能，總是感受到上師太慈悲了！佛陀太偉大了！佛法無上微妙博大精深！同時也感悟到人生的無常與苦短。

修習密宗的人，無論皈依何宗、何派、何上師，都得先做一個根本功課，就是四皈依。我的皈依上師說過，即使你不會念誦其他的經文或密咒，但是只要終身持四皈依，也一樣可以得到解脫。如果深入完成五加行四皈依，其起步就是十萬遍，圖博的一些精進修行者大都已經持誦數百萬遍之多，可見四皈依的重要性。

皈依簡釋

簡單解釋皈依含意，「皈」即身心返歸，「依」則是依靠之意。皈依者身心返歸依靠于金剛上師、佛、法、僧，而懇請加持護佑渡脫苦海。此咒為密宗根本大咒，具有無量不可思議之功德。

僅持此咒即可消災免難，增長福報，獲得上師本尊及眾多佛菩薩的加持護佑，並可生世不離上師三寶。密宗的一切成就，皆基於此。

故圖博的上師們，都曾持此咒達百萬遍以上。我的上師亦如是教導我，必須先學四皈依法，虔誠持誦四皈依咒十萬乃至一百萬遍。則修持過程中，許多違緣及修行過程中的障礙都會變成順緣，並使菩提心等善法越來越增上，今生再不會出現任何不愉快之事，並且一切所欲會如願以償，會得到許多護法神的護持，諸多魔障鬼神也不能靠近。如《日藏經》云：有情誰人皈依佛，俱胝魔眾不能害，縱破戒律心散亂，彼亦定能趨涅槃。

佛經曰：如果皈依的功德有形狀的話，那整個虛空三界的空間都還不夠裝下它。

又曰:這世間若有善男子善女子佈施黃金等人間七寶給眾生並長達數百年之功德還不如皈依的功德大，由此可見四皈依之功德與福報之大是無比殊勝，其功德量無法計量之。

如果從內心深處即身、口、意皈依上師三寶尊時，並不斷的念誦祈求，則今生可遣除一切損害，來世將獲得解脫等不共的成就，所以應當勤奮修持，一切正法之根本——四皈依，我自從開始修行以來至今也有二十餘萬遍。略述幾句，願所有緣讀者增上福慧吉祥如意！

三皈依與四皈依

三皈依亦為三歸依，圖博文裡叫སྐྱབས་འགྲོ就是說在遇到危難關頭時，去尋找能夠解救自己的力量.也就是要尋求庇護以免於八難及十六種怖畏，最終也能免於三惡道及輪回之苦，直至解脫成佛。如來初成正覺，開受三歸之戒。返邪歸正，為入道根本，故三乘行者，修因證果，都以此為道。三歸依即歸依佛、歸依法、歸依僧。

歸依佛：歸者，返還之意，指返還邪師，還事正師；
依者，憑佛之大覺，得出三途及三界生死；
歸依佛，永不歸依其餘外道天神。

歸依法：法即軌則，是說佛所說之教理也，是眾生修行的軌則；
歸者，返邪法還修正法；
依者，憑佛所說之教法，得出三途及三界生死；
歸依法，永不歸依外道邪法；永離於殺害。

歸依僧：僧者指三乘之人，其心與佛所說事理之法和合的和合眾，是指一切正修 。
佛法而得成就之聲聞乘、緣覺乘、菩薩乘之僧眾；
歸者，返外道邪行之侶，歸心與三乘正行之伴；
依者，憑三乘正行之伴，得出三途及三界生死；
歸依僧，永不復更歸依其餘外道。

以上就是三歸依，我們常說的“南無”也就是歸依之意，念三歸依時，應心做如上觀想而念。

四皈依

四皈依為博密所特有，“皈依金剛上師”為四皈依之首，其他三者同上。

博傳佛教認為金剛上師及善知識為理解金剛持的必備條件，不依止上師引導，不知有佛，不從上師教誨傳承，則無法入佛門、成佛。過去諸佛皆由上師教授，而得信解行證。上師乃救度眾生之導師，而更在“三寶”之上，故在三皈依之上還須皈依金剛上師。

皈依金剛上師其實就是把自己的身口意皈依三寶，上師之身即為僧，上師之口即為法，上師之意即為佛。

金剛薩埵百字明咒的含義、功德利益

金剛薩埵百字明咒中每句話的含義

“**嗡**”字是咒的開頭，它有善妙、吉祥的含義。

“**嗡班紮日薩埵薩瑪雅　瑪努巴拉雅**” 大致含義：主尊金剛薩埵，請您以及您身口意的極深秘密誓言恒時守護、保佑我們。

“**班紮日薩埵　帝諾巴地剎 知卓美巴瓦**” 大致含義：主尊金剛薩埵，請您的加持成就安住於我，並讓我與您無二無別。

“**蘇埵喀約美巴瓦**” 大致含義：請賜我以無漏、大樂的智慧，令我滿足。

“**蘇波喀約美巴瓦**” 大致含義：令我證悟光明的智慧。

“**阿努熱多美巴瓦**” 大致含義：請你慈悲地愛護、憐憫我。

“**薩日瓦悉地美巴日雅紮**” 大致含義：請您立即賜予我清淨一切罪業、及其一切殊勝的成就。

“**薩日瓦噶日瑪蘇紮美 資當木息日業木 古汝**” 大致含義：讓我心地賢善地行持一切事業。

“**吽**”是金剛薩埵的種子字，也是諸佛五種智慧的本體。

“**哈哈哈哈火　巴噶宛** ” 大致含義：令我現前四種灌頂的智慧。

“**薩日瓦達塔噶達　班紮日瑪米木匝**” 大致含義：祈請一切出有壞如來，請您身口意的智慧在方便與大悲無別之中，恒時不要捨棄我。

“**邊記巴哇**”的大致含義是：讓我的身口意成為佛的身口意而成佛。

“**瑪哈薩瑪雅 薩埵阿**” 大致含義：恒時不離開沒有世間分別的法界，金剛薩埵主尊，請令我成就一切如來在不生不滅的法界中感受平等法味，一體的智慧。

百字明咒的含義大致說起來就是這樣，詳細地說就太多了，八萬四千法門都是它的含義，三藏十二部、顯密一切經典都包括在一百個字當中。

關於金剛薩埵修法，益西彭措堪布在《忠言心之明點廣釋如意寶》是如是宣講的：

導師佛陀雖然宣說了無數淨業障的方便法門，其中最為殊勝的方法是上師金剛薩埵修法。阿底峽尊者說：密宗有個不共的懺罪方法，就是觀想上師金剛薩埵，念百字明咒，大成就者華智仁波切說：“上師金剛薩埵具有集百部於一部之自性，稱為大密一部金剛薩埵。浩翰無垠不可思議的一切寂靜、憤怒本尊也可以全部攝集于金剛薩埵佛尊。

因為(修法時)將本體觀為根本上師，所以也包括了上師瑜伽。(金剛薩埵修法) 稱為珍寶總集之觀修法，是極其甚深究竟之法。如前所說，密咒再無有比咒王百字明咒更殊勝的。因此，我們應當了知何處也無有比此更甚深之法。”

全知麥彭仁波切在《金剛薩埵修法儀軌》中說：“一切三世佛的本性，上師金剛薩埵六字心咒，若誰能聽聞到此咒，也是往昔曾供養無量諸佛，做無量佛事的果報，並且將來往生金剛薩埵的刹土，獲得諸佛的加持，趨入大乘道，具足神通，現前勝觀智慧之眼，決定成為佛的究竟意子。《集經密續》中如是宣說。《金剛手續》云：‘如能如理念誦十萬遍心咒，則可清淨毀壞根本誓死言重罪。’《歸攝本性後論》云：‘僅僅念誦一遍上師金剛薩埵心咒，即是對自己的大護持，並刹那獲得殊勝悉地。’本尊當中勝樂金剛、密集金剛、喜金剛、時輪金剛及普巴金剛，這些都是金剛薩埵。金剛薩埵往昔在因地發願說：‘願我未來世現證佛果時，設有眾生造五無間罪、破壞誓言，彼等眾生若聞我名，作意於我，念誦百字咒王，則一切墮無餘清淨，此願不成，我終不證無上菩提。願我住於彼等破戒者前，一切罪障悉能淨治！’金剛薩埵現在已經成佛，因此念修金剛薩埵本尊及心咒，即可清淨無邊罪障。總而言之，十方三世一切諸佛都攝集于金剛薩埵佛尊，一切密咒都歸攝于金剛薩埵六字心咒中。因此密續中說觀修念誦上師金剛薩埵功德不可思議。”

上師法王如意寶在《金剛薩埵修法如意寶珠》中說：“若如法念此心咒四十萬遍者，則獲得念三百億六字心咒之功德（隨發願念誦的人數而加倍）。若修圓滿，今生必能消災、延壽、興財、無病等，成辦一切所願之意，來世決定往生極樂世界等自己所欲之淨土。此除障礙法，學顯宗、密宗及未灌頂者都可以修。恭請諸位應當了知此理，此乃晉美彭措等喇榮大佛學院之上萬僧眾為主。增吉祥！”

此百字明咒包含了新舊密宗一切如海寂靜、憤怒本尊心咒之精華，所以強力猛烈地祈禱金剛薩埵，念誦百字明咒，等於祈禱一切本尊，念誦一切本尊心咒。而金剛薩埵心咒是百字明咒之精華，因此，無論念百字明還是念心咒，只要修法相應，具足無偽的信心，毫無疑問可以淨除一切破密乘戒、菩薩戒、別解脫戒所犯根本罪及支分罪，更何況其他一般罪障。懺除罪障的關鍵是行者一定要生起信心來認真修持。《普賢上師言教》云：“如果如此一心專注，並不摻雜庸俗之語，而一次性地（在同一段時間中）念誦一百零八遍百字明，則往昔所造的一切罪障及失戒必定全部得以清淨，這是上師金剛薩埵親口允諾的。《無垢懺續》中也說：‘百字明中一切善逝的智慧精華，能夠淨除所有的失戒與分別念的罪障，稱為一切懺悔之王。若一次性念誦一百零八遍，則可酬補一切所失之戒，將從三惡趣中獲得解脫。任何一個修行者如果能發誓念誦，則不但此人今生會被三世佛視為勝妙長子而加以救護，而且後世也無疑將成為諸佛之長子。’此外進入密宗金剛乘之門後，無論失毀了根本誓言還是支分誓言，如果每天觀修金剛薩埵並念誦二十一遍百字明，則稱為加持墮罪，即墮罪所產生的異熟果不會越來越增長。如果念誦十萬遍百字明，則可徹底清淨一切墮罪。如《莊嚴藏續》云：‘妙觀白蓮月墊上，上師金剛薩埵尊，依照百字明儀軌，倘若念誦二十一，即將加持墮罪故，使其不復得增長，諸成就者所宣說，恒時精進當修持。倘若已誦十萬遍，必將清淨諸墮罪。’”

金剛薩埵遮止每天無意中所犯罪業不增長之儀軌

非常殊勝的遮止每天無意中所犯罪業不增長之儀軌，是五明佛學院的一位師兄的上師開許的，只要有信心，至誠頂禮佛尊，就可以受持的佛法儀軌，沒有受過灌頂的師兄也可以受持的。

上師開示：早晨一起來，未跟人說話之前，禁語念 21 遍金剛薩埵百字明，以前所造罪業不再增長！希望同修們多受持之！欲懺悔一切罪業，則須具四力懺悔念誦金剛薩埵心咒 40 萬，或百字明 10 萬遍。

觀音六字大明咒的功德利益

《佛說大乘莊嚴寶王經》中，蓮花上如來說：「善男子，所有微塵我能計算數量，但這僅念一遍六字大明咒所得的功德，我卻無法計算它的數量。」

《具義索經》中說：「若在旁生耳旁念誦六字大明咒，它們解脫惡趣之後，必將往生西方極樂世界。眾生聽聞六字大明咒，都必定會往生極樂，何況自己精勤念誦，當然得到往生。」

《蓮花藏經》中說：「如果持誦觀音明咒，能得到財富、糧食等受用，能避免遭遇怨敵、傳染病、毒、兵器、監獄和非時橫死，而且能從中得到解脫。」

《十一面經》說：「若持誦此咒，將被千眼觀照、千手救護。若以六字大明咒加持水，凡是喝到水的人，業障一定清淨。凡是聽聞此咒的人，或者觸到風吹的咒聲的人也能清淨業障。」

《六字明咒經》說：「誰持咒或作憶嗡嘛呢唄彌吽』，能免一切疾病損害，延年益壽、財富增上，並能清淨一切業障，獲得解脫。」《自在輪經》說：「如果每天堅持念誦一千八百遍六字大明咒，能清淨一切罪業和障礙，並從病、魔等違緣中解脫。」

《蓮花冠續》中說：「僅僅一次念誦、一次作憶身體一觸『嗡嘛呢唄彌吽」，也能清淨五無間罪、近五無間罪等的一切罪障，從三惡趣解脫之後，不再受身語意三業的痛苦。而且，從野獸、羅剎等的一切非人中解脫，也從一切疾病和怖畏中解脫，親眼見到證悟法身後顯現的色身聖尊。」

《嘛呢全集》中說：「持誦此明咒之王，能清淨一切十不善業、五無間罪等等以身語意所造的業障和習氣。又說，若持誦六字大明咒，別解脫戒、菩薩戒、密乘戒的三種戒體，在自相續中，未生起的能生起，已生起的能不受損害而增上，已生起而受損害的能得以恢復，而且具足三乘戒的一切功德。又說：持誦六字大明咒，能清淨恢復自己所犯的密乘根本誓言和支分誓言。

十一面觀音大悲咒的功德利益

根據《佛說十一面觀世音神咒經》記載："時觀世音菩薩白佛言，世尊，我有心咒，名十一面。此心咒十一億諸佛所說，我今說之，為一切眾生故，欲令一切眾生念善法故，欲令一切眾生無憂惱故，欲除一切眾生病故，為一切障難災怪惡夢欲除滅故，欲除一切橫病故，欲除一切諸噁心者令調柔故，欲除一切諸魔鬼障難不起故。"

由此可知此神咒之廣大功德勢力。十一面觀音在六觀音之中，主救濟、破修羅道，給眾生以除病、滅罪，求福現世利益。

據經文所載，十一面觀世音在無量劫以前，從"百蓮華眼頂無障礙功德光明王如來"受持此咒，即證無生法忍。若有善男子善女人，至誠清淨如法持誦，必可與觀世音菩薩的慈悲願力感應，且獲得十種殊勝的利益：

一、身常無病

二、諸佛攝受

三、財寶衣食受用無盡

四、能伏怨敵而無所畏

五、能令眾生皆生慈心

六、蠱毒鬼魅不能中傷

七、一切刀杖所不能害

八、水不能溺

九、火不能燒

十、不受一切橫死

若能依教相應、如說修行，即能除滅重罪，所求如願，並積聚無量功德，由此可見本咒之大威神力。

༄། །ཀུན་རིག་རྣམ་པར་སྣང་མཛད་ཀྱི་གཟུངས་བཞུགས་སོ། །

南無毗盧遮那佛

大日如來心咒

慧律法師教授

一、毗盧遮那佛咒的功德利益

此咒乃大日釋迦為諸眾生消滅定業而說，行者雖有諸佛不懺之重罪，如能誠心發露懺悔，如法念誦，亦能消滅，命終隨願往生密嚴淨土，或極樂世界。

又名《毗盧遮那佛咒》，原名為《釋迦牟尼滅惡趣王根本咒》，亦名《滅一切惡趣王如來陀羅尼》。

光明真言——毗盧遮那佛大灌頂光真言，日本道範有四重釋：淺略、深秘、秘中深秘、秘秘中深秘，四重釋。今摘要：

一淺略：光明真言，為大日如來、阿彌陀如來，心中秘密咒。故誦此咒，滅罪生極樂，得現世無量勝功德。

二深秘：此真言，一一字皆是眾生一心本具萬德體性。

三秘中深密：此真言，五智如來總真言，四種曼荼羅圓滿。

四秘秘中深秘：此真言，六大法界源底，法性玄極。萬法悉攝此字，即是萬法無不從此字出，無不還歸此字也。

(元祿二年高野山寂本《光明真言四重釋資拙》一卷)

準經本咒具三殊勝二難得

三殊勝：

一、過去一切十惡五逆四重諸罪，聞此大灌頂光真言一三七遍，經耳根者，即得除滅。

二、具造諸罪如微塵滿斯世界，身壞命終墮惡道中，加持沙土一百八遍，散屍骸上，或墓上，亡者若地獄、餓、鬼修羅旁生中者，以本願神通威力，即得光明及身，除諸罪報，蓮花化生，乃至菩提，更不墮落。

三、於現世中，連年累月，痿黃疾惱，苦楚萬端。於病人前，每日誦此真言千八十遍，則得消滅。

二難得：

一、本真言字少[二十三字]功大，具大威力。咒中之王，金剛之最。

二、速證三昧耶大灌頂位。

以上略述少分，若夫一字包含法界，一遍利樂存亡，盡虛空同一壇場，窮塵剎悉是真言。則遮那妙用，不涉名言矣。

不空羂索毗盧遮那佛大灌頂光真言一卷(三)

唐大廣智大興善寺三藏沙門不空譯

若患一切鬼神病，種種虐病，或毒藥中，或失音者，當以藥和水研之，加持一百八遍。數點兩眼額上、心上，當怒加持則便除差。作病鬼神，若不放舍，即當頭破如阿梨樹枝。若諸毒蟲蛇蠍螫者，以藥塗眼，即便除差。又法以新米彈羅，澡浴清淨，著淨衣服已，以藥和水研之，加持一百八遍，點米禪眼中，奮怒加持一千八十遍，則起坐，所問皆答。欲放者，加持白芥子水二十一遍，散米彈羅上，即便如舊。若為貴人相請喚者，以藥點眼，當往見之，則相賓敬。

復有眾生，連年累月，痿黃疾惱，苦楚萬端。是病人者，先世業報。以是真言，於病者前，一二三日，每日高聲誦此真言一千八十遍，則得除滅宿業病障。若為鬼嬈，魂識悶亂，失音不語，持真言者，加持手一百八遍，摩捫頭面，以手按於心上、額上，加持一千八十遍，則得除瘥。摩訶迦羅神，作病惱者，亦能治遣。若諸鬼神魍魎之病，加持五色線索，一百八結，系其病者腰臂項上，則便除瘥。若諸虐病，加持白總索一百八結，系頂項上，及加持衣著，即令除瘥。若加持石昌蒲一千八十遍，含之與他相對談論，則勝他伏。若以胡椒、多訛囉香、青木香、小柏檀、黃囉娑惹娜[唐言小柏汁]等數末，治水丸如棗，加持十萬遍，便當陰乾。

毗盧遮那如來，為授母陀羅尼印三昧耶。神通法品，而最為第一。若有過去，一切十惡五逆，四重諸罪，燼然除滅。若有眾生，隨處得聞此大灌頂光真言，一三七遍，經耳根者，即得除滅一切罪障。設眾生，具造十惡五逆四重諸罪，猶如微塵，滿斯世界。身壞命終，墮諸惡道。以是真言，加持土沙一百八遍。屍陀林中，散亡者屍骸上，或散墓上，遇皆散之。彼所亡者，若地獄中、若餓鬼中、若修羅中、若傍生中，以一切不空如來毗盧遮那如來，真實大願，大灌頂光真言，神通威力，加持沙土之力，應時即得光明及身，除諸罪報，舍所苦身，往於西方極樂國土，蓮花化生，乃至菩提，更不墮落。

尊勝經云：以此陀羅尼，加持黃土一把，滿二十一遍，散其骸上，亡者即得往生淨土。若亡者已入地獄、畜生、餓鬼等趣者，咒土沾骨便得舍惡趣生天。二經旨趣相同，可兼用之尤善。

用土沙誦咒一百八遍，散屍骸或墳墓上。如來大願神力光明所照，亡者雖生三惡道中，即令脫業報身，得生淨土。此為本咒特有殊勝功能，亦是救亡者唯一最上妙法。或書咒梵字，置骨骸上，梵字觸處，即得解脫。偈云：“真言梵字觸屍體，亡者即生淨土中，見佛聞法親授記，速證無上大菩提。”(梵字有此功能，華字則不可。)若蒙山施食，先咒米、水等然後施散，功效尤大。

若持咒為常課，所作皆辦，無求不應，何況消災、除病、增福、延祥，當得現世樂，與後世樂，決定無疑。

土沙之義，標顯咒力不可思議，與即身成佛相表裡，具有轉穢為淨，點石成金，起死回生，即凡成聖之妙。豈土沙所能為，推而廣之，舉凡花果食品，倘以咒咒之，無往不得，無作不成。則此咒之微妙難思，非算數譬喻所及矣。

阿底峽尊者答弟子問

弟子問：尊者，在一切道法中什麼是最殊勝的法？
阿底峽尊者回答：
證悟無我之義的人即是最殊勝的智者。
最殊勝的持戒即是心相續調柔
最殊勝的功德即是具有饒益之心
最殊勝的教言即是經常觀察自心
最殊勝的對治力即是了知一切法皆無自性
最殊勝的行為即是與世俗人相違
最殊勝的悉地即是煩惱得以減少
最殊勝的神通即是欲望減弱
最殊勝的佈施即是沒有貪執
最殊勝的戒律即是內心寂靜
最殊勝的忍辱即是處於低位
最殊勝的精進即是放下一切瑣事
最殊勝的禪定即是心不造作
最殊勝的智慧即是對任何法都沒有二種我執
最殊勝的善知識即是指出求知者的缺點
最殊勝的教言即是對症下藥
最殊勝的好友即是正知正念
最殊勝的激勵即是怨敵、魔害、疾病等苦難
最殊勝的方便即是順其自然
最殊勝的恩德即是引進佛門
最殊勝的受益即是心向善法

麥彭仁波切《三句要訣》：

放任平庸識，不依詞自證，自滅勤作執，可謂證心性。

我本求心不求佛，了知三界空無物。

若欲求佛但求心，只這心心心是佛。

我本求心心自持，求心不得待心知

佛前供養功德：

一、佛前供水—自性三昧淨水，離諸染淨。
二、佛前供水—自心八功德水，具諸功德。
三、佛前供花—來世英俊美麗，青春永駐。
四、佛前供香—來世體味芬芳，清淨純潔。
五、佛前供燈—來世智慧超群，光明無盡。
六、佛前供茶—來世財富無盡，源流不止。
七、佛前供果—來世飲食無慮，年年有餘。
八、佛前供樂—妙音普度眾生，悉皆成佛。

諸功德中，放生第一

放生就是救命 放生就是還債
放生就是救急 放生就是慈悲
放生就是覺悟 放生就是實踐
放生就是積極 放生就是方便
放生就是改命 放生就是解冤
放生就是消災 放生就是治病
放生就是救親 放生就是延壽
放生就是福善 放生能助生西

佛陀早就提出了告誡，末法時期的人，福報智慧淺薄，不要一味追求所謂的“開悟”，那樣只是增加了知識和傲慢，對自我的執著反倒更強烈了。應該精進地降伏貪嗔癡慢等煩惱，相續調柔了，修行才能有所進益，才能樹立堅定的正確的見地。

【蓮師開示】

寧瑪派弟子，應常仔細研讀《蓮華生祖師，應圖博王太妃之請，開示即身取證簡要之法》。這段精簡的開示，是從初修佛法到成佛的精華重點，行者應依此重點修持，並落實在日常生活：『因果業報，須信非虛，生死事大，無常迅速，應求解脫。先尋擇金剛上師，以為依止。虔頌四皈依，誓心不退。發大菩提心，廣度有情。嚴持淨戒，以立根機。常觀十二支因緣，明生死本。次習禪定，內觀自心，本來清淨。修深般若波羅密，了知諸法，猶如夢幻。心不執著，身隨所安。妄念起時，勿隨勿制。緣境違順，塵影好醜，不起愛憎。唯常覺照，而忘覺照。佛心自心，本自如如。我見破盡，心境一性（即心境雙泯，人空法空），即是成佛。』

大士教法循循善誘，簡明易入，隨眾生根，普門攝受。無論業障輕重，宿緣深淺，遇斯教者，終必成就。

四皈依文與蓮師心咒的功德利益

針對目前我們人世間面對的戰爭、疾病等種種困境，尊貴的圖續仁波切開示道，此乃於末法時期，眾生之五毒心態的劇增而凝聚的外象之病態與災難，因此，為了避災免難，我們應該以虔誠的心修習《四皈依文》，此乃外、內、密之總皈依，不但能給予自身加持，更能為眾生祈福。

蓮師我與語金剛大悲自在無有二致故，後世有緣諸眾生，上師當修蓮師，本尊當修觀音，法當念誦六字真言及蓮師心咒，一切以大悲鈎決定可以攝持故，善巧方便之行為具此五種。

念誦蓮師心咒之諸補特伽羅，將成為蓮師我之不共所化。

若能每日持誦二十一遍者，能遣除外內密一切障礙。

若能每日持誦一百零八遍者，能清淨無量劫以來重重蓋障，並能憶念過去多生之事。

若能每日持誦過於彼數，能無勤成就一切四種事業之悉地。

若能每日持誦千遍，無疑於此生能獲得自成大樂殊勝悉地。

臨時少許持誦，亦能遠離一切外內八怖畏及病魔鬼祟類。

若以淨心信力持誦，能得三世一切諸佛加持。蓮師心要建言祈願蓮花生大士斷生死輪迴、斷除一切違緣、消除一切魔障、業障、病苦等。

蓮花生大師的九乘教法中，能達至佛地的有三大途徑：

1. 顯現與空性無二的生起次第；
2. 方便大樂與空性無二的圓滿次第；
3. 界覺無別、自性光明與空性無二的大圓滿次第。

行者可根據各自的因緣，選擇其中任一途徑實修之，皆能證得佛的果位。

修持這些法門的先決條件，須以大圓滿前行奠定良好基礎，使自己成為堪能受用法乳的具格容器。

完成大圓滿前行的方式有兩種：

1. 閉關的方式,比如以百日修心的方式。把自己的心轉向佛法，生起出離心，同時以皈依和發菩提心的修持，讓自己向道之心獲得擴展。再修金剛薩埵消除道障，供曼紮集聚福德，接著修上師瑜伽開掘自心佛性。
2. 直接實修五加行的方式，包括：
   為遠離邪道並獲得護佑而修皈依 10 萬遍，
   為將劣道轉為勝道而發菩提心 10 萬遍，
   為懺悔罪業而修百字明 10 萬遍，
   為圓滿二資糧而供三身曼紮 10 萬遍，
   為令自心迅速與法性相應而修上師瑜伽。

在觀修五加行的日常中，思維轉心向法的種種內容，生起出離心。

「持明瑜珈行者非守不可的 81 條」~

蓮花生大師《口訣見地顯耀宮》

一、得到口訣不成就的九種原因有九：

1、信心微小。
2、智慧微小。
3、精進微小。
4、不能抄書。
5、不能供養本尊。
6、不能以物承事。
7、不勝妄念。
8、不勝飲食。

9、不勝貪欲。

二、觀修怠惰散佚的原因有九：

1、火。

2、曬太陽。

3、睡眠。

4、信口開河。

5、閒談。

6、嬉戲玩樂。

7、修法時靠枕頭。

8、靠背而修。

9、包著頭，蒙著面。

三、修而無果的九種原因：

1、食用不淨汙穢（痲風、寡婦及破三昧耶戒者所送飲食）。

2、穿罪業深重、痲風病、賤民（所送）的衣服。

3、不衛生。

4、三門（身語意）懈怠。

5、食子惡劣。

6、不精進。

7、身不加持為本尊。

8、語不持咒。

9、意三摩地差，未做光之放攝。

四、惱怒護法的九種原因：

1、婦女在爭鬥（自己妻妾在關房內爭鬥）。

2、械鬥（自己僕眷拿刀械鬥）。

3、二勇士於關房內吵架。

4、所供食子下劣，又催促護法作誅業。

5、時食斷絕，不作聚輪及補懺悔亦是。

6、突然做誅業。

7、自己身上意外地出現傷口。

8、修法正中，收受骯髒財物。

9、不補漏所破犯之三昧耶。

五、修忿怒尊不成就的九種原因：

1、貪重不淨的婦女入於關房內。

2、逆倫（父子反目、兄弟相殘）等不淨者前來。

3、罪惡人前來。

4、拿空的器皿、袋子。

5、拿破損、污垢的容器。

6、生人前來。

7、外人由窗外能看見關內。

8、層頂上有不淨、著魔之人走來走去。

9、孀婦、仳離、亂倫等汙穢婦女（入於關房）。

六、福德漏盡的九種原因：

1、不敬金剛上師。

2、每日本尊念誦斷絕。

3、未準時做護法食子供養。

4、對三寶的供養缺漏斷絕。

5、不敬愛金剛兄弟。

6、於外部多不施食子，及對護法諸眾不供食子。

7、於法意不切信。

8、有障礙時，外不做除障修法禳解，內不觀察微相，卻依賴命相占卜。

9、行事間法，而不遵守出世間法的規範。

七、已得成就卻又散失的九種原因：

1、於誦修時告訴別人本尊之名。

2、於誦修時告訴別人咒語。

3、於誦修時告訴別人所生之微相。

4、為人灌頂。

5、為人加持。

6、為人修法。

7、做防雹法事。

8、為人念誦本尊心咒而做加持。

9、為人開示湛深口訣。

八、能力不圓滿的九種原因：

1、未做身生起次第。

2、未做慈悲菩提心。

3、未做法身菩提心的修持。

4、未做七支供養。

5、持咒中斷。

6、應做誅業未做。

7、未做統禦所見一切三摩地。

8、無特別之事而催動事業護法。

9、修誅法時，未做度惡敵三摩地。

九、未得到加持的九種原因：

1、跟上師爭執。

2、不承事上師。

3、不恭敬上師。

4、不讚揚上師。

5、不頂禮上師。

6、輕視、辱罵護法。

7、不稱揚（上師）功德。

8、不常親近、敬愛上師。

9、（對上師）生氣。

如是九九八十一條，諸持明瑜珈行者非守不可。

蓮師說五種多餘的事

蓮師說：當修持佛法時，有五件事是多餘的。
當你對輪迴沒有出離心時，生起虔誠心是多餘的。
當你沒有遠離對物質的攀緣時，思惟空性是多餘的。
當你沒有遠離渴望時，修禪定是多餘的。
當你沒有遠離貪與瞋時，講述口訣是多餘的。
若不能配合權便之義卻給予冠冕堂皇的教示，是多餘的。
蓮師教言《空行法教》

偉大的蓮花生大士對放生的開示

比戒殺與教人戒殺、救護生命，與教人救護生命更大的善果，我蓮師未曾見過。

蓮花生大士是佛教史上最偉大的大成就者之一。建立博傳佛教前弘期傳承的重要人物，博傳佛教寧瑪派祖師，無上大圓滿教法的傳承祖師。

蓮花生大士是阿彌陀佛、觀音菩薩和釋迦牟尼佛的身口意三密之應化身，是過去、現在、未來三時諸佛之總集。

蓮師曾經對赤松德贊國王教誡放生之功德

在未來末世，人們極其喜好殺生罪業，無有懺罪的時間，能夠滅盡、遣除今生、來世所有異熟果的方法，沒有比戒殺、令人戒殺更為有效、功德更大的了。

哪怕僅僅發誓不殺某些有情，那人也不會遭遇不幸、痛苦與損害。如若能夠徹底戒殺，除了往昔深重難懺的惡業以外，根本不會出現痛苦不幸，天龍八部也會保佑庇護，而且我蓮師將恆時關照，解除彼等一切畏懼。

已趨入後世罪惡深重的人們想要脫離地獄的方法，就是讓人放生，以及挽回瀕臨絕境有情的生命，比這更深的方法 諸佛也未曾說過。

現世中獵殺了一百隻野生動物的異熟果，通過放十八條生命也可清淨。挽救瀕臨遭殺的七條生命也能脫離地獄，獲得解脫的安樂。這是我蓮華生所說的不變金剛語，比救護 生命更大的善果，我未曾見過。

大王！所有罪業中沒有比誹謗三寶的邪見以及殺生的異熟果更為嚴重的了。同樣，比戒殺與教人戒殺、救護生命，與教人救護生命更大的善果，我蓮師未曾見過。因此，所有的君臣，你們為什麼不精勤戒殺放生呢？

大王，你是繼續虔信苯波教罪惡屠殺之業呢，還是立即戒殺放生，請好好斟酌。恆時不害眾生的教義，唯獨佛教具有，其他宗教都沒有。請切記，銘刻於心。這是三世諸佛的教言，希望你們不要違越我身、語、意的誓言。

大王，此教言伏藏在桑耶中殿的南方，未來時阿匝嘉瓦的化身持明者美哲朗巴取出伏藏，利眾事業將十分廣大。

學密須知

密宗為什麼叫金剛乘？

在佛經，尤其是密宗裡面，金剛象徵無二無別、無可分割的意思。什麼是無二無別呢？密宗的基和密宗的果無二無別，勝義諦和世俗諦無二無別，光明和空性無二無別。

首先，在顯宗裡面，基和果是分得很清楚的：顯宗的基，是我們現在看到的如幻如夢的世界，包括眾生與山河大地等外在世界以及空性；顯宗的果，就是成佛以後的法、報、化三身。顯宗認為，我們普通的人現在還不是佛，通過修行，經歷了三個無數大劫（阿僧祇劫）以後才可以成佛。眾生是因，佛是果。

密宗認為，眾生就是佛，佛就是眾生，輪回就是涅槃，涅槃也就是輪回。

輪回和涅槃在本質上是沒有區別的，只是在我們還沒有開悟、還有煩惱的時候，會把佛與眾生、煩惱與智慧劃分為清淨與不清淨，所以叫做金剛乘，密宗的特點也就是在此。

༄། །འཕགས་པ་ས་ཡི་སྙིང་པོའི་གཟུངས་བཞུགས་སོ། །

地藏王菩薩心咒

在《地藏十輪經》裡釋迦佛親口說道：如果我們想滿足所願，對於彌勒菩薩、文殊菩薩、觀音菩薩、普賢菩薩之類作為上首的恒河沙數那麼多諸大菩薩，在百劫裡至心誠敬地歸依，稱他們的名號、作念誦、禮拜、供養來祈求滿足所願，卻不如在一頓飯的功夫裡，至心歸依、稱名、念誦、禮拜、供養地藏菩薩，由此能夠速疾滿足所願。

可見地藏菩薩是滿願之王。從具體的比較中能很明顯地看到這一點。前者祈求的境是彌勒、文殊等恒河沙數那麼多的大菩薩，後者只是地藏菩薩一位。前面祈求的時間是一百劫，後面只是一頓飯的功夫。可見祈求地藏菩薩能極高效地滿願，我們應當對此生起定解。

敬錄自 益西彭措堪布官方微博
地藏菩薩長咒（出自《大乘大集地藏十輪經》）

稱波稱波曾稱波 阿嘎卡稱波 巴嘎 ra 稱波 阿瑪巴 ra 稱波 巴 ra 稱波 巴則 ra 稱波 阿若嘎稱波 達瑪稱波 薩得巴稱波 薩得呢哈拉稱波 博巴若嘎夏巴稱波 額巴夏瑪稱波 納雅納稱波 抓佳薩瑪摩內 ra 納稱波 甲鈉稱波 博開瑪巴熱雅稱波 夏色達拉瑪巴稱波 博阿箚所達瑪嘿雷 達瑪備雅瑪備 匝紮賽 匝紮巴色雷 傑雷培雷嘎 ra 巴 巴 ra 巴熱得 哈賽瑞抓 ra 備 巴瑞匝 ra 巴納達內 阿 ra 達內 帕納 ra 匝匝匝匝 合雷麼雷 阿卡達塔給凱 塔嘎克洛 塔哈瑞塔哈瑞 麼雷瑪得 南得哥雷麼雷 盎哥則達倍 阿瑞嘎宜瑞 巴 ra 嘎宜瑞 哥達夏瑪瑪雷 敦嘎耶敦嘎耶 敦哥雷 喝熱喝熱喝熱 哥洛多麼雷 美熱多 美熱得 巴納達達 哈 ra 卡 瑪瑞瑪 喝熱喝熱

註：咒中的「得」字發ㄉㄟˇ

迴向

འདི་ལྟར་བགྱིས་པའི་རྣམ་དཀར་དགེ་བའི་མཐུས།།
願我所做一切善功德，
བདག་ལ་དྲིན་གྱིས་བསྐྱངས་པའི་ཕ་མ་རྣམས།།
迴向今生父母眾有情，
སེམས་བསྐྱེད་ཞུ་བའི་བླ་མ་སློབ་དཔོན་དང་།།
引領皈依怙主諸上師，
དམ་ཚིག་གཅིག་གི་རྡོ་རྗེ་སྤུན་གྲོགས་རྣམས།།
走進壇城金剛諸道友，
རྒྱུ་ཟས་འབྲེལ་བ་ཡོད་པའི་མི་རྣམས་དང་།།
所有冤情債主得解脫，
ཞོན་བཀོལ་སྲོག་གཅོད་ཤོ་ཞོ་འབུད་པ་དང་།།
無數肉奶充餐共役使，
ཤ་ཁྲག་ཟོས་པའི་དུད་འགྲོ་མ་ལུས་པ།།
一切業力罪障盡消除，
མྱུར་དུ་སངས་རྒྱས་གོ་འཕང་ཐོབ་པར་ཤོག །
眾生速得成就終圓滿。
འཇམ་དཔལ་དཔའ་བོས་ཇི་ལྟར་མཁྱེན་པ་དང་། །
文殊師利勇猛智
ཀུན་ཏུ་བཟང་པོ་དེ་ཡང་དེ་བཞིན་ཏེ། །
普賢慧行亦複然
དེ་དག་ཀུན་གྱི་རྗེས་སུ་བདག་སློབ་ཕྱིར། །
我今迴向諸善根
དགེ་བ་འདི་དག་ཐམས་ཅད་རབ་ཏུ་བསྔོ། །
隨彼一切常修學
དུས་གསུམ་གཤེགས་པའི་རྒྱལ་བ་ཐམས་ཅད་ཀྱིས། །
三世諸佛所稱讚
བསྔོ་བ་གང་ལ་མཆོག་ཏུ་བསྔགས་པ་དེས། །
如是最勝諸大願
བདག་གཞན་དགེ་བའི་རྩ་བ་འདི་ཀུན་ཀྱང་། །
我今迴向諸善根
བཟང་པོ་སྤྱོད་ཕྱིར་རབ་ཏུ་བསྔོ་བར་བགྱི། །
為得普賢殊勝行

阿底峽尊者師徒教言

庫、俄、仲三大弟子請教阿底峽尊者：讀經論與上師教導哪個更重要？

阿底峽尊者說：上師的教導更重要。

三弟子問：為什麼？

尊者說：雖然熟讀三藏，精通法相，若在修學過程中沒有上師的實踐經驗指導，就會變得人法脫節。所謂上師的指導，要而言之，即如何守住三戒，如何使身言意趨於善道，如此而已。

三弟子問尊者：什麼是修道之最？

尊者說：

悟無我是智者的最高境界，

馴服自心是修戒的最高境界，

為別人著想是道德的最高境界，

時時觀察自己的心相是最好的教誨，

悟諸法性空是破除煩惱的最好藥方，

脫離世俗行為是最高的道行，
煩惱減少是最好的修行成就，
沒有貪心是最高的神通境界，
無吝嗇心是最高舍度，
溫柔平和是最高戒度，
甘拜下風是最高忍度，
放棄世事是最高精進，
心無造作是最高禪定，
對一切不執著是最高智度，
指出缺點是最好的善師，
切中要害是最好的教導，
守心與察覺是最好的益友，
疾病和魔障是最好的鞭策，
凡事順其自然而不強求是最好的做事方法，
使人入正道是助人的最好方法，
能使人心向善是最高的利他功德。

仲敦巴請教尊者：佛法最根本的東西是什麼？

尊者說：佛法最根本的東西是以慈悲心為核心的性空見。它就像萬靈妙藥，可對治一切煩惱。

仲敦說：為什麼有些自稱開悟了的人，其貪嗔心未減分毫？

尊者說：那些人是吹牛撒謊，真正悟空性者，已成聖人，不會有那種情況，提婆大師說，對空性進行思索，也能粉碎輪回之道。何況真悟？

仲敦問：覺悟空性有那些道行？

尊者說：悟空的道行全包括在六波羅密中。徹悟諸法性空者，對身內身外諸物沒有貪戀心，故具有舍波羅密；對諸物無貪戀心，就會遠離罪惡行為，故具有戒波羅密；悟空去我執我愛而不生嗔恨心，故具有忍波羅密；對所悟之道饒有興趣，故具有精進波羅密；悟諸法性空而無可思念，故具有禪定波羅密；自他與諸物三者俱空而不生執見，故具有慧波羅密。

仲敦又問：只靠觀修性空就能成佛嗎？

尊者說：這所現所見一切，無非都是自心所生，心是明空，悟到明空是“見”，心常住明空之中是“修”，用明空心觀萬物為虛幻而修積二資糧是“行”。現在心中常觀想此事，就會在夢中出現此心境，若夢中出現此心境，就會在中陰中出現此心境，若在中陰中出現此心境，就能獲得最勝成就。

尊者住在聶唐時，有象那窮敦巴、巨敦、勒倉敦巴等三位圖博學者拜會尊者，請教正見。

尊者說：外道佛教，邪見正見有種種，都是無用的分別思想，人生無常，應抓緊時間，做點管用的事。

象那窮敦巴問：什麼是管用的事？

尊者說：修慈悲菩提心，關心天地間無量眾生，為眾生修福慧資糧，由此所產生的福報因緣願與眾生共用，並把這一切看做虛幻不實的性空相。

尊者返回孟加拉時阿裏王香曲奧請求臨別贈言，尊者意重心長的說了一段話，其中一句是：“只懂佛法不能成佛，必須依法去實行”。

有一次三大弟子請求仲敦巴大師賜教佛道的簡要修法。

敦巴說：人們成佛之道路雖有種種，但至關重要的只有一條，那就是與慈悲心融為一體的性空見。其中性空見是勝義菩提心，就是悟到諸法本性無生；慈悲心是世俗菩提心，就是對未悟眾生發大慈悲。修大乘佛教者，開始要使生起這兩種菩提心，中間要修養這兩種心，最後修這兩種心的成就就是佛的法身和色身。

修這兩種菩提心的方法簡要概括為三根、九支。三根是：修心，積資，修定。修心之要分三支：即無常觀，慈悲觀，二無我觀。積資之要三支：供養上師，供養三寶，施捨法財。修定之要三支：持戒，祈求傳承上師，身心處於寂靜狀態。通過上述九支修法生起成熟勝義世俗兩種菩提心，從勝義菩提心生出法身果，從世俗菩提心生出報化二色身果，結出二果便是佛。

有位康地僧人請教二無我意。

敦巴說：從自己的頭頂到腳底，一一尋找哪一點是“我”？當你找不到可以指認出來的“我”，便是“無我”。悟到尋找“我”的思想意識本身，也無可以指認的自體，便是“法無我”。

又問：什麼是正見？

敦巴說：正見是認識到一切事物本來沒有物自性，沒有有無常斷等可以判定的本質，一切現像如夢如幻，而且這虛幻也是自己的心中所現，故對一切事相不執著，不關注，心不受牽制。

有一次仲敦巴看到一個轉經的僧人。

敦巴說：轉經也開心，但修行不是更好嗎？

那個僧人聽了此話，便去天天坐在經堂廊簷下讀大藏經。

敦巴又說：讀經開心，但修行不是更好嗎？

那僧人聽了此話後又去坐禪。

敦巴又說：坐禪也開心，但修行不是更好嗎？

那僧人聽了以後便去請教敦巴說：看來轉經、讀經、坐禪都不算修行，那麼什麼是修行呢？

敦巴說：放下今世的一切牽掛。放下！放下！

布多瓦問仲敦巴大師：如何分辨佛法與非佛法？

敦巴說：能抑制煩惱的是佛法，不能抑制煩惱的不是佛法；反世俗的是佛法，合世　俗的不是佛法；符合經義的是佛法，不符合經義的不是佛法；受善報的行為是佛法，遭惡報的行為不是佛法。

第一世敦珠仁波切駐錫喇榮溝時，當地曾有位叫阿切桑給的修行人。他時而將帽子戴在頭頂，聲稱自己生有肉髻；時而又自言能夠飛翔。可當他真從高高的房頂縱身躍下後，身體卻摔成了重傷。有一次，他自稱擁有許多伏藏品，要求敦珠仁波切予以鑑定。敦珠仁波切看過之後，坦率地說："這些並非真正的伏藏，你可能是著魔了。"然而，阿切桑給並不相信這些話。他不僅堅持認為自己的"伏藏品"貨真價實，還誹謗敦珠仁波切是因為嫉妒才這樣說的。

之後，他又找另一位大成就者鑑定"伏藏品"的真偽，結果依然不被認可。不過，他還是固執己見，最後來到蔣陽欽哲仁波切面前，要求再次予以鑑定。仁波切善巧地為那些偽伏藏作了簽字，同時要求他念誦一千萬遍蓮師心咒,說只有如此才可以顯示鑑定結果。他按照要求將蓮師心咒唸完之後，在境界中忽見一名出家人應聲墜地，自以為是的魔相也以此破滅。至此，他才幡然醒悟，並開始向真正修行人的方向轉變。

實際上，阿切桑給當時確已著魔，後來是依靠咒語的力量和蔣陽欽哲仁波切的殊勝加持，才得以遣除違緣、恢復正常的。通過這個例子，我們可以得知：凡夫所見的境界不一定真實可靠。有些人之所以晝夜都能見到佛菩薩的形象，不過是其風脈明點在外境上的顯現，絲毫也不值得歡喜和誇耀。以後當我們也遇到這種情形時，千萬要牢記：切不可以自我吹噓之心，向他人宣稱自己親見了佛菩薩。因為，這相當於徹頭徹尾的大妄語！

——法王晉美彭措

真正的慈悲是什麼？

自無始以來，我們無數的生命中，每一次都必定有父母。所以說，每一個眾生都曾經當過我們的母親或父親。每當想到這些曾經是自己父母的眾生，長久以來，無助地在輪回中流浪，就像是迷了路的盲人一樣，我們不得不對他們生起極大的慈悲。

但是光有慈悲是不夠的，他們需要實際的幫助。但是只要我們的心還受執著的囹圄，就算給他們食物、衣服、錢，或者單純的善意，最多也只能帶給他們一種暫時而有限的快樂。

因此，必須尋找一種方式，讓他們能夠完全從痛苦中解脫。而唯一的方式，就是踏上心靈之道，先轉化自己，才有能力轉化他人。

慈悲應該是沒有偏見的對待所有眾生，不去分辨誰是朋友，誰是敵人。應該持續在心中保持這種慈悲，所做的任何正面行為，即使只是獻出一朵花，或者念誦一個咒語，都應該加上一種希望，願所有眾生，沒有例外的，都能夠因此行為而得到利益。

過去時代的偉大老師們認為，最珍貴的開示就是空性和慈悲的無二無別。他們培養慈、悲、喜、捨四無量心，而幫助他人的能力，毫不費力地自然從這四無量心中現起。因著對所有眾生慈悲的動機，我們應該在心中堅定地發願，為利益一切眾生而證悟。沒有這個發心，我們的慈悲只不過是真正慈悲的劣質仿冒品。據說：「祈願他人快樂——即使是想危害我們的人——是完全快樂的泉源。」當我們最後到達這個境界時，對所有眾生的慈悲就會自然現起，完全無需造作。

非常重要的一點是：我們必須全力專注去完成為他人成佛的承諾，直到我們清楚地看到平凡生命中的一切活動是多麼了無意義且充滿無謂的困擾。眾生在這艱困時代中退化的狀況，不免令我們撼動而悲傷，而在心中生起一種強烈的決心，要從娑婆世界中解脫出來。

如果這樣的態度真正生根，大乘佛法的功德和成就絕對會從中生長。但是，如果從娑婆世界解脫的真實決心沒有深深種植我心，我們的佛法修行就沒有辦法真正完整地發展。

所有眾生都同樣希望快樂，不希望痛苦。我和他人之間的重大差別就只在數量上——我只有一個人，而他人無數。所以說，跟無量其他眾生的快樂和痛苦相比，我個人的快樂和痛苦是完全微不足道的。

真正重要的是其他眾生快樂還是痛苦，這就是決心達成證悟的根基。我們應該希望他人快樂，而不是自己，尤其應該希望那些我們認為是敵人，以及對我們不好的人能夠快樂。不然的話，慈悲有何用？

如何學密

一、學密的基礎——出離心和菩提心-（慈誠羅珠堪布）

Published on 07/28,2008

今天講一講如何學密。作為修學密宗的人，在從發心到成佛的一系列過程中，為了讓自己的修行能夠如理如法，就應該按照以下次第進行修持：

1. 學密的基礎——出離心和菩提心

我們以前也三番五次地講過，出離心和菩提心就是學密的基礎，為什麼在這裡還要反復強調呢？因為，作為修行人，必須要過這兩關，如果沒有出離心和菩提心，即使修再殊勝的、類似大圓滿等等的密法，也是徒勞無益的。只有在具備出離心和菩提心的基礎之上，才能正式入密修行。

華智仁波切講過：在沒有出離心、菩提心的前提下，即使閉關九年修大圓滿，也不能播下解脫的種子。這不能不讓我們深思，在所修的是大圓滿，時間不是一兩天或幾個月，而是九年，修行方法不是三天打魚兩天曬網，而是以泥封門謝客，斷絕所有外界往來的情況下，卻因缺少出離心和菩提心，而不能播下解脫的種子。這足以讓我們警醒：如果不具備出離心和菩提心，就會淪落到如此地步——修了九年大圓滿，卻不一定能播下解脫的種子！所以，對任何一位修行人來說，出離心和菩提心都極為重要。

很多人因為缺少這些知識，只知道密宗殊勝無比，就好高騖遠，妄想不修加行而一步登天。疲於奔命地去接受密宗灌頂，不亦樂乎地修習密宗，最終卻竹籃打水、收效甚微。這一切過失不能歸咎于密宗，而是因為基礎不牢所導致的結果。所以，學密的人必須具備出離心和菩提心，這是顯密的共同基礎，是趨入一切修行不可或缺的首要條件。

所有的無上密宗都十分強調出離心和菩提心。譬如，在修生起次第之時，一旦離開空性見和慈悲心，即使能將佛像觀想得一清二楚，也毫無意義。同樣，正如經書所言，如果沒有出離心和菩提心，即使念誦了上億的本尊心咒，也不是什麼了不起的事。所以，一切修法的關鍵在於出離心和菩提心。目前，有不少居士在沒有修好出離心和菩提心，不懂得生、圓次第的情況下，盲目地念誦一些本尊的修法儀軌，以圖獲得收效。於此必須提醒諸位，這是沒有太大意義的。

顯宗、密宗都一致認為，一切萬法都隨發心而定。《開啟修心門扉》中也講過，如果某人是為了今生（圓滿）而修行、放生、供僧、供佛……，即使這一世能如願以償，其結果也不過如此；如果因前世業力而未能如願，這些善行也不會引發絲毫出世間果報。因為在修行之時，他從來沒有考慮過解脫、度眾、成佛等等，而僅僅是為得到今生今世的幸福快樂，既然其發心已經如此明朗，那麼其所做善業又怎麼可能變成解脫之因呢？決不可能。

經書裡也有這樣的比喻：有一個人被饑餓所逼，正萬般無奈地掙紮在生死線上，假如不立即進食，幾分鐘後就會被死神奪去生命。這時，如果讓他到國王的寶庫中去取寶，他首先應該選擇什麼呢？

絕對是食物。因為，寶庫中的其他金銀珠寶雖然珍貴，卻無法解決瀕臨餓死的困境。對此時此刻的他來說，價值昂貴的金銀珠寶是毫無用處的。同理，生起次第、圓滿次第雖然極為殊勝，但對沒有基礎的人而言卻太高深了。目前，我們暫時還不需要生圓次第的修法，當務之急，還是出離心和菩提心。

還有一個比喻：古代東西方很多城市都有城牆，必須經過城門方可進入城內。假如此城只有一個門，再無其它入城門徑，每一個想進城的人就必須通過此門。城裡有很多人家，一旦進城之後，想去哪一家都可以隨心所欲。但是，如果沒有經過此門，便只能徘徊於城外，永遠無法進入城內。這個比喻說明，出離心和菩提心就是趨往修行之城的唯一門路，在出離心和菩提心生起以後，大圓滿、大手印、時輪金剛或生起次第、圓滿次第的修法，便可隨意選擇。但在沒有生起出離心與菩提心之前，想修成這些法，無異於螳臂擋車，實在是自不量力的愚蠢之舉。

所以，現在我們不必急不可耐地去修大圓滿或生起次第等密法，而是要首先生起堅定不移的出離心。因一時環境等因素，偶爾產生的出離心是不可靠的，故爾要反復修習，一旦生起，就要令其穩固不退。生起出離心別無它途，唯有人身難得、死亡無常等外四加行的修法。

究竟什麼是劃分有無出離心的界線呢？宗喀巴大師在《三主要道》中要求：如果希求解脫的心念，日日夜夜從不間斷，才叫生起出離心。這個標準比較高，薄地凡夫一時難以做到，所以我們暫時只能提出一種較低層次的出離心衡量標準：

沒有出離心的人，只求今生世間圓滿及來世人天福報，此外便安於現狀、得過且過，沒有更高的追求；有出離心的人，可能偶爾也會有這些想法，或許也會喜歡吃好的、穿好的、住好的。但是，在他的思想深處，始終有一種揮之不去的信念：這些都不是生存的目的，只是一種臨時的生活方式和手段，是無關痛癢、可有可無的，我的最終目標是獲得解脫！如果能有這樣的意識，就基本上可以算是具備了出離心。說一千道一萬，總而言之，學密法的人一定要修出離心！

2. 修菩提心

第二是修菩提心。今天我們不講菩提心的具體修法，而是要再次重申，學密之人必須要有菩提心！某些密宗教派認為，沒有菩薩戒就不可能得到灌頂，也就不可能有密乘戒。因為在三戒中，下下是上上的基礎，即別解脫戒是菩薩戒的基礎，沒有別解脫戒就沒有菩薩戒；菩薩戒是密乘戒的基礎，沒有菩薩戒就不可能得到密乘戒。因而，修學菩提心在密宗裡也是不可缺少的重要環節。

在沒有菩提心的情況下，即使念誦了十多億的本尊心咒，如果發心和修法不正確，來世就可能會立即變成厲鬼或邪魔之類具備神力的眾生。此外，能將本尊、特別是忿怒本尊觀想得如同睜眼所見一般清楚的人，也有可能得到類似結果。現在，有些人動輒便觀想忿怒本尊，猛念其心咒，以詛咒或降服他人，這些都是不對的。通常一般人不會投生為厲鬼，但修生起次第不如法的人，卻有可能這樣墮落。然而，證悟空性者或發菩提心者絕不可能有如此下場。由此可見，密宗生起次第也是不能離開菩提心和空性見的。

出離心和菩提心的涵義十分深刻，必須要親自體會和實修，才能明白其內涵的偉大和必要，這是僅僅通過聞思所感受不到的。我一直希望大家能認識到，生起次第、圓滿次第可修可不修，關鍵問題是出離心和菩提心。要知道，即使沒有證悟大圓滿，沒有念誦上億本尊心咒，修生起次第觀想不清楚，都不會有人說我們不是修行人。但是，如果缺失出離心和菩提心，那我們就真的不是修行人了！

我曾看過一則故事：一位學者在乘船渡河時詢問船夫："你懂不懂數學？""我不懂！？""哦，那你的半個生命已經失去了！"又問："那麼，你懂不懂哲學呢？""還是不懂！？""那你又失去了半個生命！"行至河中間時，船出了故障，船夫就問學者："你會不會游泳？""我不會！！""那你的整個生命都已經失去了！！！"船夫不無遺憾地說。

同樣，沒有修持生起次第或圓滿次第，雖然看似缺少很多，但實際上卻並不缺少。反之，如果沒有出離心和菩提心，那就真正是失去了一切，因為他連修行的門徑都沒有趨入。所以，這兩個基礎很重要！

文章出處:引用慈誠羅珠堪布部落格
如何學密-一、學密的基礎——出離心和菩提心-（慈誠羅珠堪布）

顯密的不同點 引用慈誠羅珠堪布 Published on 08/18,2008

二、顯密的不同點

顯密之分主要是在證悟空性的方法上。雖然證悟空性的總體目標沒有差別，但方法卻有許多不同。

先看看顯宗是用何種方法來證悟空性的。淨土宗以念佛作為證悟空性最根本的方式;禪宗的方法則主要針對根機極好的人，所以顯得很簡單，缺乏從加行到正行的一整套系統。我們看六祖惠能大師證悟的過程，對一般人而言這根本不是個方法，但是，對於像他那樣根機如此成熟的人而言，這確實不失為一種證悟之法。

除此之外，其它的顯宗證悟方法就是因明（邏輯）的思維。譬如一個瓶子，我們確實看到它存在，但它也是由許多的微塵組合而成，不是一體性的東西，而這些微塵也可再分，到最後分完時，就是空性了。這並不是說，它到最後變成空性，而是它永遠沒有離開過空性。我們的肉眼是無法看到這個空性的，而這種方法只是教給我們一種理論上的概念，並用因明去作推理。譬如這一塊布，把它拆開來就是一堆毛線，那麼布到哪裡去了呢？是消失了嗎？而我穿的到底是布還是毛線？這毛線也是由羊毛織成的，那我穿的是布、毛線、還是羊毛？如將羊毛分割至最細的微塵然後放在一旁，則當初的那塊布去了那兒？難道我原來穿的就是微塵？顯宗是經由此種推理方法去瞭解空性的，這是一種接觸空性的方法，但只是理論上的概念，沒有實質的體會。

如何能將字面上的理解轉變為證悟的智慧呢？這需要相當長時間的修行才有可能做到。在修行期間，必須要積累資糧並清淨罪業，當這些條件都圓滿具足後，是可以將理論上的瞭解變成智慧的。禪宗以外的其他顯宗，就是以這種方法去證悟的。

可是禪宗不也是顯宗嗎？從我的觀點看，禪宗的明心見性既是顯也是密，但也可說非顯非密。它是將顯密結合後的一種修法，實際是半顯半密。由於它沒有灌頂和觀想，所以被歸納為顯宗，但是它的證悟方法又不同於一般的顯宗。除此之外，其餘顯宗的各派別唯有通過推理一法去證悟。龍樹菩薩的六論，就是先要推翻我們原有的執著，在得到理論上的概念後再去修，經過漫長的時間，才能對空性有所感受。這就是顯宗證悟空性的方法。

密宗有外密、內密之分。外密暫時不談，內密就是無上密法。密宗證悟空性的修法有二：一是修氣脈明點。外道，例如道教或氣功，也有此類修法，但與密宗的修法是名同義不同。密宗修的氣脈明點最終可證悟空性，而顯宗從來不知道這點，不是當初佛不了知，而是佛在轉法輪時要應機施教。經由氣脈明點的修法證悟空性是非常快速的，譬如你用一定時間觀想頭痛，頭一定會痛起來；如用棍子直接打頭，則立刻會痛。顯密之差別亦是如此。通過理論上的瞭解去修空性，由於見解較模糊，所以需要長期修才行。而氣脈明點則是強制式地要你接觸空性，雖然最後的結果和顯宗一樣，但因方法不同，速度就有迥然的差異。這是一般密宗的修法。

二是大圓滿的修法。大圓滿不強調氣脈明點或是因明（邏輯推理），認為這些都是繞道而行。大圓滿有些部分與禪宗有點相近，但禪宗不講的修法大圓滿全都有，所以禪宗仍不及大圓滿。如只講證悟空性，二者是非常類似的，大圓滿也能不假他法、直指人心。所謂直指人心，就是已經開悟的上師能讓有信心的弟子直接證悟大圓滿的智慧。大圓滿的智慧，與禪宗的明心見性，或中觀的證悟空性其實是一樣的。如來藏在漢傳佛教中有著極高的地位，而如來藏就是大圓滿裡講的自然智慧，明心見性的“性”字所要形容的就是如來藏，大圓滿的境界也就是如來藏。所以，證悟後都是一樣的。但大圓滿能直指人心，不需要經過複雜的觀想過程，只是需要修加行。修密宗的其他正行時通常有許多觀想，而大圓滿完全不需要這些就能讓人開悟，這是它獨有的特點。

有人會問密宗的雙修是什麼？顯宗裡沒有所謂的雙修，即使有，也是講福慧雙修，而非男女雙修。密宗的雙修是一種氣脈明點的修法，但對一般人來說，它不是一種修法，而是一種象徵。譬如佛像的男身是代表光明，是現象的一部分；女身則代表空性；雙運是顯空無二無別的意思。《心經》講“色即是空”，這裡的“色”，可視為所有男性的佛或菩薩；又講“空即是色”，此處的“空”，可視為所有女性的佛或菩薩。“色不異空，空不異色”，就是雙修。一般人應從這個角度去理解。

修密宗是否一定要雙修呢？大圓滿根本不需要、也從來不強調雙修。不瞭解的人以為所有博密都是一樣的，其實不然。修氣脈明點在密法裡只佔有一小部分，但即便是這一小部分，也不是普通男女修的。所以，對凡夫來說，這根本就不是個修法。大圓滿不強調雙修，一個大圓滿的修行者，從初修加行到最後成就之間是不需要修氣脈明點的，並認為這其實沒什麼用，因為大圓滿有更好的方法可證悟空性。以後如有機會正式學密法，並讀到博密的經論，就可以更清楚地知道這種見解才是正確的。

密宗由於有些神奇的修法，使得它的神秘色彩比較濃厚，誤解也因此而起。有些人是自己不願或不能持守清淨戒律，卻以某些藉口去做遭人垢病的事，最後卻使密宗蒙罪。凡夫的行為當然不可能十全十美，但不如法的行為是屬於凡夫，而不是密宗的。對一般人而言，雙修法不僅現在不用修，也不能修，就算修到較高層次以後，也不是一定需要的，因為有更好的方法可用。

總結以上各點，結論就是：證悟空性是顯密共同的目標，但方法各異。顯宗的方法不如一般的密法，而一般的密法不如大圓滿，就是這樣一層層上去的，大圓滿因它的獨特性而成為最高法門。

另一項密宗獨有顯宗絕無的特點，就是密宗可成就金剛身。當金剛身修成時，其外表仍和普通人一樣，但實際上生老病死或地水火風四大對其已無任何影響。由於身無質礙，此時要飛簷走壁或穿牆入室都是輕而易舉的。當然這並非修金剛身的目標，它真正的目的，是要將凡夫身修成如佛一般，有著三十二相、八十隨好的報身相。對顯宗來說這完全是不可思議的，其認為：肉體屬於輪回，是不清淨的，必須斷除、放棄。對普通人來說，顯宗的觀點沒錯，但密宗以智慧開發了諸多方法，可以將不淨身轉化成清淨的。

打個比喻，就像一般人如吃了毒藥可能會死，但會用的人反倒可能以毒攻毒。在未證悟前，我們的身體確是輪回的一部份，要想解脫就必須捨棄它。但是有智慧和方便時，不但不必捨棄，反而可將其轉化成佛身，要做到這點，唯有密宗的氣脈明點和大圓滿的光明修法可行。除此之外，顯宗裡不論是淨土、禪宗、唯識宗或中觀都一籌莫展。如果從沒看過密宗經典的話，就連顯宗的一些法師也無法接受肉身可如此轉化的說法。但密宗確有方法，其方法的根源就是證悟，是一種心的功能。不淨身的形成也是心的功能，是由於心不清淨、造業而致。心能證悟、領悟到光明，就能轉不淨身成金剛身，當然其間還要加上別的修法。這並不僅是一種說詞而已，圖博歷代的高僧中就有很多此類公案。大家也聽說過，有些大圓滿修行者死時，在眾目睽睽之下肉體逐漸縮小直至化光消失，天上出現繽紛的彩虹。

人的屍體之所以能如此也是心的功能，但凡夫無法了知如何去開發這種功能，修行人則已經掌握了此中訣竅，並開發出來給大家看。如同五、六百年前的人聽到今日的科技，會同樣覺得難以置信。那時的人如有足夠的技術，是可以開發出同樣的高科技，而不是幾百年後環境成熟了才出現這些東西。換言之，現代科技文明的產物，其製造方法從古到今都是一直存在的，只是人們不得知罷了。同樣，我們現在就可以開發心的內在世界，且會發現它的許多神奇面，然而卻缺乏這方面的能力，因此認為煩惱、雜念是必須要斷除的東西。起初由於沒有足夠的智慧，這樣做是沒錯。等有了智慧即可將煩惱轉為道用，不再需要斷除。這是密宗的特點。

顯宗的修法則是在初步證悟前，必須先經過無數大劫那樣漫長的時間，然後從證悟一地到七地又要再次經過無數大劫。證悟八地時，八識中的眼、耳、鼻、舌、身、意都已清淨，那時觀山河大地就是佛的壇城。這是顯宗有記載的。

密宗則是在一生中就可將不淨身轉化成金剛身，這其中的訣竅就是氣脈明點和大圓滿的修法。博密的氣脈明點可分外、內、密、極密，而外道的氣脈明點只是博密中外部最簡單的一部分，其它更深層的就根本沒有接觸到。經由這些訣竅，密宗才能開發出上述的修法。

在大圓滿中，還有中陰身的修法，它將死亡的過程描述得非常清楚。相信大家都聽過甚至看過《圖博度亡經》，其對死亡情景的敘述，使西方一些有瀕死經驗的人大為震驚，因為他們對死亡的初步感受，早在幾千年前圖博就記載得清清楚楚了。西方人的經驗只在死亡的初期，而《圖博度亡經》不僅是描述了死亡的全程，更具體告知該如何掌控全程。我們還活著的時候，就可借著修習中陰身的方法去掌控、利用死亡的過程。在顯宗這是想都不敢想的，就連普通的博密也沒有這種修法，唯有大圓滿才有。這又是大圓滿的另一個特點，由於它的特點數不勝數，在此只能略舉一二種較重要的以闡明密宗與顯宗不盡相同的地方。

(文章出處:引用慈誠羅珠堪布部落格 顯密的不同點)

慈誠羅珠堪布是當今世上最具影響力的佛法導師之一。現任圖博喇嘛榮五明佛學院的堪布，是近代史上的大成就者法王晉美彭措的嫡傳大徒弟，最有權威的金剛上師之一。在此，我們極力推薦初學者特別是華人學佛修行人，如果對圖博金剛密法有興趣，想進一步瞭解殊勝的博密，應該去找這位堪布的著作，多聽聞一下堪布講經說法的視頻是大有益處的。現在網路很方便，你只要搜尋慈誠羅珠堪布或喇嘛榮五明佛學院就可以找到的。

祝福各位吉祥如意，修學進精，無障無礙，早日脫離苦海，不再輪迴，圓滿菩提！乘願再來， 常轉法輪， 普度眾生。

《教言寶藏》(二)顯密差異

https://youtu.be/pXiPXtAgZAo《顯密差異》01　　無垢光尊者著
普巴紮西仁波切傳講

現前所傳講的法非常適合於自己的根機，因此它就是最殊勝的。但從法的角度來說，唯獨密法最為殊勝，而我們所宣講的就是密法。可能有很多人都想了解一下，到底什麼是密法？

幾年前，我在亞青翻譯過一本書叫《顯密差異》，出自於無垢光尊者的《如意寶藏論》。書中從總的角度當中講解了顯密之間的差異，即見解不迷惑、修行方便多、行為無辛勞、根機為上等之根機四個特點，再細緻深入下去，可以從十五個立場講解密法的殊勝。這方面的教言網上也有很多，平常可以多去閱讀一些。

“見解不迷惑”。認識智慧就是見解。

“修行方便多”。我們天天都在講解通達方便，有時著重講解一種、二種，但總體而言，密法中的殊勝方便非常多。我們平常站在不同的角度當中宣講密法的殊勝，就會稱之為修行方便多。

“行為無辛勞”。修行過程中善巧運用非常重要，修行不能變成一種極端。當然，初入佛門時，無論是誰，都會多多少少有一些緊張狀態。因為我們平常無論是自己從文字上的理解還是聽從一些導師的宣講，都知道飄泊輪回的根源是自己時時散亂的內心等一些說法。所以，從初次進入佛門修行，就會不由自主擔心自己的內心會散亂，並在不知不覺中會形成一種緊張狀態。這也是很正常的。即便如此，也要記住我們時時講解的要點——自然。自然就是要尋找到一種平衡度，一種不能過於緊張也不能過於放鬆；不能外散也不能內收的平衡，這就叫善巧方便，就是“行為無辛勞”。

修行過程中不需要過於辛勞就可以迅速成辦解脫的法就是無上竅訣大圓滿。因為它著重講解的是無戲論法，別說是下乘派，就是內三部生圓次第與之對比，無上竅訣大圓滿也是一種無戲論之法。

有時我給一些出家人講一些諸如寶瓶氣一類的修法，很多人覺得很難修。因為隨著年齡增上，四大逐漸衰弱，無論是平常的呼吸還是其他，都不會如往昔那麼充滿活力，這時再修寶瓶氣，難免會有辛苦勞累的顯現。別說是年紀較大者，即便是年輕人也會感覺辛勞。正是由於下乘派必須在方便中去尋找智慧，所以相對之間會很辛勞。

當然可能有很多人會說："既然無上竅訣大圓滿是一種無戲論之法，為什麼我們修法還需要有毗盧七支坐法以及排九節佛風等？"要記住，相對下乘派來說，確實無戲論，但並不是說什麼都不需要去做或者自己想怎麼做就怎麼做也能赤裸見解，解脫恐怕沒有那麼簡單，但相對而言，行為確實不會很辛勞，這就叫行為無辛勞。

我們天天都在講解善巧運用。比如下乘派當中，當昏沉掉舉起現時，就需要刻意去對治。但如今我們修學過程中已經掌握了一系列善巧方便，比如剖析調伏妄念、直視調伏妄念、安住調伏妄念，以及持風等一系列方便法，所以能在一種非常輕鬆的狀態中對治一切。無論內心散亂還是平靜，都能很好地對治，這就叫做善巧運用。相對下乘派，它非常輕鬆，無需辛勞，所以我們稱之為"行為無辛勞"。

"根機為上等之根機"。我們說過，信心非常重要，但只是口中聲稱自己是一個修密宗的弟子是遠遠不夠，要先問問自己的信心如何？所以我們天天都在講解"怎樣才能培養信心以及信心有多麼重要"等內容，原因也正在此上。

以上我們已經講了出離心和菩提心，現在講解的是密宗的誓言信心，後面還會繼續傳講這些方面的內容。

【修本尊的要點】

普巴紮西仁波切

無論修上師還是修本尊，目的都是為了斷除人我和法我，這一點是一致的。由於傳承不同的緣故，修學的方式方法各有各的特點，修本尊主要以清明形象、提念清淨、堅固佛慢來斷除人我和法我，修上師瑜伽主要以剖析調伏妄念及止觀交修來對治人我和法我，除了名詞上有所區別之外，實際上都是為了對治人我和法我，成辦解脫。

我等導師釋迦牟尼佛曾經說過：“諸惡莫作，眾善奉行，自淨其意，是諸佛教。”也就是說，無論小乘、大乘還是密乘，都是以調伏內心為宗旨。對心的說法有很多種，用一法來說就是心，這個起心動念、妄想就叫做心；用二法來說就是人我和法我，或者能所二取；用三法來說就是身口意三門，以及五蘊、六聚、十二處、十八界、二十一隨煩惱、五十一心所法、八萬四千法等等，都是心的支分。

我們通常用二法來描述心，也就是站在粗和細二分的角度——人我和法我——來講解心，因此，無論小乘還是上乘派，包括成熟口訣法中意識轉為道用階段的尋覓心之過患和共同觀察心之來住去，以及修本尊時的清明形象、提念清淨、堅固佛慢，都是為了對治人我和法我。

如果把本尊作為自己一生修行的根本法，那麼修本尊時如何對治人我和法我？清明形象、提念清淨和堅固佛慢這三個要義乘該如何樹立？也許很多人聽都沒聽說過，認為修本尊就是把本尊觀在前面念個心咒就萬事大吉了。這樣修不是沒有功德，但光憑這一點還不太圓滿。修就要修個完整的法，還是多去瞭解一些的好。

ཆོས་ཉིད་ནམ་མཁའི་ཀློང་མཛོད་ལས༔ གསང་སྔགས་རྡོ་རྗེ་ཐེག་པའི་ཡང་ཞུན༔ དངོས་ཞེན་རེ་དོགས་
གཅོད་པའི་གདམས་པ༔ གནས་ལུགས་རང་ཞལ་སྤྲོད་པའི་མན་ངག༔ གྲུབ་མཆོག་ས་ར་ཧ་པའི་སྙིང་
ཐིག་ཟབ་མོ་བཞུགས་སོ༔

法性虛空界藏·密咒金剛乘之精華·斬斷實執希慮之教授·直指實相自面之竅訣·殊勝成就者薩惹哈之甚深心髓

སྐྲ་དང་བ་སྤུ་ང་མ་ཡིན༔ ཤ་དང་རུས་པ་ང་མ་ཡིན༔ ཁྲག་དང་ཆུ་སེར་ང་མ་ཡིན༔ སོ་དང་སེན་མོ་ང་མ་
ཡིན༔ ནང་རོལ་དྲི་གཤང་ང་མ་ཡིན༔ དེ་བཞིན་མགོ་བོ་རྐང་ལག་དང་༔ ལྷུ་ཚིགས་རེས་ན་རང་རང་གི༔
གདགས་གཞི་ཡུལ་མེད་ལས་འདུག་གམ༔ དེ་བཞིན་སྣོད་བཅུད་འདོད་ཡོན་ལྔ༔ རང་རང་ངོས་ནས་མིང་
གདགས་གཞི༔ མི་འགྱུར་མི་ཤིགས་རྟག་པ་ཡི༔ དངོས་མཚན་གྲུབ་ན་ཁྱོད་བདེན་འདོད༔ ཁྱེད་ཀྱིས་རང་ཡུལ་
བདེན་ཞེན་གྱི༔ འབྱུང་དང་འབྱུང་བ་ལས་འགྱུར་བའི༔ གཟུགས་ལ་མི་འགྱུར་རྡོ་རྗེ་ཡི༔ མཚན་ཉིད་ཚང་
ན་དེ་ཡང་འདོད༔ བཤིགས་བཀྲུལ་གཏོར་ན་མི་འགྱུར་རམ༔ རྡུལ་དང་རྡུལ་ཕྲན་ཆ་མེད་ནས༔ གནས་ཡུལ་
གང་དུ་སོང་ལ་ལྟོས༔ སྒྱུ་མའི་དཔེ་བཅུ་དང་མཚུངས་པས༔ སྣང་ནས་སྣང་ངོས་སྟོང་པས་ན༔ ཡུལ་མེད་
ཡུལ་དུ་ཅི་ལ་འདོད༔

頭髮汗毛非是我，肉及骨頭非是我，
血及黃水非是我，牙及指甲非是我，
體內便溺非是我，如是頭腦及手足，
關節之上各自者，施設之處悉無有。
如是情器五妙欲，各自體上施設名，
不變不滅常實相，此若成就許汝實。
汝執自境為諦實，大種大種（一能一所）所造色，
不動金剛之性相，若全具足亦複許。
壞滅散時不變乎？塵及無分微塵中，
請觀住境往何去？如幻十喻相應故，
顯已現分皆是空，無境許何為對境？

人生中不爭就是慈悲～
不辯就是智慧，不聞就是清淨～
不看就是自在，不貪就是佈施，
斷惡就是行善～改過就是懺悔，
謙卑就是禮佛，守禮就是持戒～
原諒就是解脫，知足就是放下，
利人就是利己～

供燈的功德

不要小看了供燈的功德，人間一盞燈，照亮地府通往善道路。

很多人對點燈的功德認識淺薄，甚至覺得只是照亮佛堂而已。只有出現障礙後，就常點燈，同時誦《地藏經》，等感受到了加持力後，才會對點燈有了信心。

眾生因為業力不同，對外界環境的感受也不同。比如人在空氣可以生存，在水裡就淹死了，可是魚剛好相反。這是可見的眾生世界，那不可見的眾生世界呢。比如說鬼道的眾生。

我們白天，感覺熱，但是鬼道眾生因為業力，感覺白天很寒冷。在地獄中，乃至地府中，都是陰暗的，沒有光明的，也是鬼道眾生業力感召。

太陽光和月亮都照不亮地府。只有佛光，才能照亮。在白天點燈和晚上點燈，對鬼道眾生都是一樣的加持力。

眾生業力不同，感受的環境也不同。一碗水，在菩薩看來，是琉璃世界，在天人看來，是甘露，在人看來是水，在魚看來，是生存的環境，在鬼道眾生看來，是膿血，在地獄道眾生看來，是銅漿鐵汁。

為什麼不同，就是業力不同，色身也不同。天人、人、鬼、地獄道的眾生，因為色身不同的緣故，感召到的環境也不同。

再比如可見的，報紙報導，有一種病人，不敢曬太陽，一曬就馬上全身流血點。

所以他一輩子都躲在黑暗中，甚至頭都包的緊緊的，只露出眼睛。這就是業力導致的。

我們無法想像怕陽光的人，就像無法想像一碗水在鬼道看來竟然是膿血一樣可怕。所以，只有靠佛的真實語言。一切眾生都害怕黑暗，鬼道眾生也是如此。

佛經說，日月威光所不能及的地方，那要怎麼辦？只有靠佛光，靠地藏菩薩手上明珠的光芒。點燈，通過地藏菩薩加持力，可以點亮地府。

我們的宇宙空間，是多元的，多層次的。鬼神是第一個維次空間，天人也是另一個，佛菩薩是更高維次空間的。

彼此空間不同，頻率不同，不會互相干擾。因為頻率不同，感知的外在環境也不同。按佛法來說，就是業力不同。眾生的眼耳鼻舌身意不同，接受的外在環境也不同。

在《藥師經》中，講到生病的人，要點 49 盞燈在佛前，這個燈可以指引他的神識的走向。尤其是人在往生後的 49 天內，都要點燈，是給中陰身一個方向。告知他往善道去投胎。

這也是點燈的不可思議的功德。也許在人間看到的是一盞燈，但通過佛菩薩加持力，在地獄中，或者在地府裡，可能就是指路到善道的燈了。

供一盞燈的功德真的不可思議，《譬喻經》中有一個公案說：惟衛佛涅槃以後，有個盜賊到寺院裡準備偷三寶物，當時看不清要偷什麼，發現佛前的燈快滅了，就用箭去把燈炷挑正，使佛燈恢復光明。

燈光非常明亮，直接照到佛像的面容，他看見莊嚴的佛像之後，感到毛骨悚然，心想：「別人都拿財物來這裡供養，我怎麼能盜取私用呢？」他當即發願今後不再偷盜，革心向善。

以此一念清淨，他 91 劫的罪障逐漸消除，福德不斷增大，最終當時的發願成熟，於佛陀在世時證得聖果。他就是「天眼第一」的阿那律尊者。所以我們做一件好事時，應當生起強烈的信心、發下堅定的誓言，這都將會成為將來證得光明智慧的因緣。

此外在《大藏經》中，對供燈的功德也介紹得很詳細，有部經叫《佛為首迦長者說業報差別經》，裡面宣講了供燈的十種功德，大家對佛陀的金剛語一定要信受奉持：

一、照世如燈。供燈者生生世世如同世間的明燈，轉生為人也是人中之王，就像佛陀一樣，慧燈照亮整個世界。

二、肉眼不壞。供燈者肉眼非常明亮，不會變成盲人。

三、得於天眼。供燈者將來會獲得五眼中的天眼。

四、善惡智能。能辨別善法和惡法，懂得一切因果取捨。現在世間上許多人極為盲目，不知善惡取捨，而供燈者的智慧超越其他人。

五、滅除大暗。具有超勝的智慧，能滅除自他相續中的一切愚癡黑暗。

六、得智能明。自己的智慧超群眾人，不受外界的各種誘惑，有辨別取捨的能力。

七、不在暗處。生生世世不會轉生在邪見或者黑暗的地方，住於光明的殊勝之地。

八、具大福報。轉生為具有大福報的眾生。

九、命終生天。命終後不會墮入惡趣，而會轉生天界。其他經典中也說，長期供燈的人不會生於惡趣，而是上生天趣，即使投生人間，也生於高貴種族的家庭中，不會生在具邪見者的家裡。

十、速證涅槃。很快的時間中能證得聖者的果位。

當然，如果你有任何所求，通過供燈也能得到。供燈有世間、出世間兩種功德，從世間角度講，供燈者生生世世眼目清淨，不會變成盲人，縱然即生中眼睛不太好、身體不健康，通過供燈也能雙目復明、獲得健康，還能發財、長智慧等等。

而最主要的是它出世間的功德，供燈能讓我們生生世世獲得智慧的明燈，遣除無量眾生的無明黑暗，親睹諸佛菩薩的尊顏……

《佛說施燈功德經》中說：「彼施燈者所得福聚無量無邊，不可算數，唯有如來乃能了知。」這句話大家一定要記住。供燈人所得的福德無量無邊，唯有佛陀才能了知，天、龍、智者、班智達，甚至聲聞、緣覺都沒辦法知道。

佛陀在此經中還說，比丘、比丘尼、沙彌、沙彌尼、優婆塞、優婆夷，乃至沒有受過戒的人所供之燈，即使如閃電般迅速滅了，滅的原因或是燈芯不行，或是燈油不足，或是風太大了，但是這種功德，任何聲聞、緣覺、天龍八部、智者都無法了知，唯有佛陀的智慧才能徹達。

總而言之，供燈的功德不可思議，完全是一種佛的境界，我們佛教徒應該深信不疑。

正如剛才所說，不管四眾弟子還是沒受過戒的人，短暫時間中供燈的功德尚且難以言喻，更何況是長期供燈的利益了。

當然，最重要的燈是智慧明燈，因地時如果經常供燈，未來就能獲得佛陀的大智慧燈，《大集經》中說：「為令眾生燃慧燈故。」《華嚴經》也說：「慧燈破諸暗，是彼之境界。」佛陀的慧燈能破除世間一切黑暗，這就是佛陀的真實境界。我們在因地時以種種因緣這樣學修的話，最終也會得到這種功德。

夢參老和尚談密宗

95 歲夢參老和尚談密宗（老法師曾親近弘一法師，在圖博學密 10 年）在圖博，你不讀 25 年的顯教，進不了密宗院。密宗院還得學 5 年。拿酥油粘粑學會做各種供具，還得自己做壇城。壇城就是你修行的道場，把自己修密法時候的觀想，進到壇城裡頭，八大菩薩護持你。你外頭用粘粑自己做，做八大菩薩、16 金剛。看你學哪一行，蓮花部的、金剛部的。這樣做，這樣下來。

我看到我們大陸上，30 多歲的喇嘛、20 來歲的喇嘛，也來傳法，這是惑人的！有些人就願受惑嘛！他不但沒做密，他連密宗院也沒住過，受幾個灌頂，也來灌頂，這不可以的！

還有，你要學密，第一個，懺罪。他跟顯教一樣，也得懺悔。不懺悔，你有業；有業，你怎麼學得進呢？懺業，把業懺盡了才行。懺悔在沒學正法的時候，也要學四加行。

這密宗的道友們，接觸的也都知道：磕十萬大頭，供十萬曼達。我們很多的受了灌頂的，我說：「你學四加行沒有？」他說：「沒有」。我說：「什麼叫曼達，你知道嗎？」「不知道啊。」他連供十萬曼達名字都不知道。還得念十萬百字明。十萬百字明他分金剛部的、分蓮花部的。求神通進入的，就得念蓮花部的，金剛部的是修智慧的。修這四樣就夠嗎？還得念十萬皈依頌。

在密宗，任何人開始修，前頭一定「皈依佛、皈依法、皈依僧、皈依佛、皈依法、皈依僧……」，皈依三寶。不論念什麼、做什麼。像我們上殿，最後散了，一定要「皈依佛、皈依法、皈依僧」。連這個意思都沒做。

為什麼我們要經過學呢？不學你怎麼知道？你不知道，人家說「盲修瞎練」。

我講講菩提心，大家聽到也很多了，各地方講解的不同，我是根據密宗、顯宗。你要問我是什麼宗，我沒有宗，我是釋迦牟尼佛那一宗；如果要我分的話，我是釋迦牟尼佛宗。我最初學的是華嚴五教，突然間又學天臺學四教。學完四教了，又學戒律；學五教的時候，帶著學戒律。後來跟弘一法師學了，戒律，又學戒律，就只有大義。然後學密宗，我不是真正想學密宗，想即生成佛，我是想瞭解這是什麼回事。我這個人有點鑽牛角尖，我跟哪一個老和尚學，跟誰學，我想就知道這是怎麼回事，學佛法，我要親身來試驗一下。

學了密宗，我才知道叫即生成佛，什麼叫受灌頂。完全不是那麼回事啊，那是我們設立的。我們叫人家‘活佛’，圖博沒有‘活佛’這一說，他是叫‘祖別古’（博語），‘祖別古’就是轉世再來度眾生的人。人家沒有說‘我是活佛’，沒有這種說法；說：‘我就是釋迦牟尼佛！’‘我就是佛再來了！’沒有啊。我解除很多疑惑，到了圖博我才知道。

所謂密宗，圖博教義，跟我們一樣的。不過圖博的教義有系統，有顯宗的次第，就是菩提道次第，有密宗次第，最後還有圓滿次第，圓滿次第到究竟，就是你現前一念心。現在你跟大家說，他信嗎？他不信啊！只要你把現前一念心掌握明白了，時時對治煩惱，時時消滅煩惱，降伏煩惱，斷煩惱，你就成佛了，很簡單幾句話。囉嗦起來，寫本書，三藏十二部，你去學嗎，你越學越糊塗，鑽進去了就出不來了。

你必得一步一步的，不要要求很高深。你要把你現前一念心時時觀照，別走錯路。若在禪宗，畫了一個空的大圓，然後畫一頭牛，一個小牧童牽著那頭牛，時時的注意牽著那頭牛，要你的現前一念心時時注視，不要走樣，不要傷及禾苗，跟法性相違背的事一點都不做，很簡單。圓滿次第是什麼，心心向著三寶，心心都是壇城。

佛說法的時候，是由阿難結集，因此，阿難完整聽聞了佛所說的法。其他的人，有的是半途來，佛講經，他不知道，在其他地方行化，趕來聽佛講經的時候，佛差不多說完了。怎麼辦？佛於是造偈頌給他說一遍，長行重頌。所以佛經上很多偈頌，是給後來的人說的。他說了一會就是一會。

我最初講經是在長春般若寺，二十四歲。大家看《影塵回憶錄》，就可以知道。講經的檯子很高，我花很長的時間才升上座。八個小和尚，端香爐的，端香盤的，兩個坐上去升揖的，事情非常多，拿提杖的，拿香爐的，之後升上座了，維那師唱香贊，最少二十幾分鐘，就唱：‘法筵龍象眾，當視第一義，諦觀法王法，法王法如是。’有的唱‘爐香乍熱’的香贊。這一香贊，維那師要顯示他的喉嚨，梵音嘹亮，就在左一個彎、右一個彎，把你的思想昇華到天上去了，之後才下來。這個時候座上的師父心裡頭靜得不得了，才開始講經。下了座，一座起碼三個鐘頭，前面跟後面就去了差不多快兩個鐘頭，真正說法的時間不長。

你一定要從淨心、觀心，來修皈依佛、皈依法、皈依僧。也許你認為誰都知道這個，不見得如此，我看好多人還不知道。你要怎麼修呢？你就一步一步修。最初你實在觀想不起來，你可以這麼念誦。觀想起來了，觀想釋迦牟尼佛的白光，注入你的身心；觀想佛像，觀想佛的光明。修藥師佛的，觀想藍光；修阿彌陀佛的，觀想紅光。這當中夾雜觀想法，是要靠道友自己的觀想力。如果你不夾雜，只要皈依佛、皈依法、皈依僧，你心裡就想到佛、法、僧。如果你不想佛、法、僧，你能念嗎？當你念佛、法、僧的時候，還有什麼貪、嗔、癡煩惱介入進來呢？如果有煩惱的時候，皈依佛、皈依法、皈依僧，好好淨心一下，境界相馬上就變了。這就是淨心、觀心的最初方法。

如果再深入解釋佛像，解釋這些佛教的名詞術語，你的心就亂了，你觀想不到，治服不了煩惱，你就多觀想心。若你修那一個法門，就要另外學習，不是我這一座。一定要用皈依佛、皈依法、皈依僧對治你現行的煩惱,你很容易做到。你如果要想夾雜這些功力，多做做觀想，觀佛的光明加入你的身心，最後觀想阿彌陀佛進入你的身心，或者釋迦牟尼進入的你的身心，你把自己變成佛了。法爾是你的性體，就是法性；僧，就是你現前的身體。你這樣觀想也可以。這是功力強的，功力不強的，越簡單越好。

今天有位道友跟我談，談了很多《楞嚴經》、密宗的問題，他的理解力很不錯的，他的學習也很深，但是他要用的時候用不上。原因是什麼呢？經論的道理要經過幾十年的磨練，這個我是深有體會的。圖博佛教是從最初的祖師一代一代傳下來的，蓮花生大士有蓮花部的四加行，噶魯巴有噶魯巴的四加行，噶舉巴、薩迦巴、寧瑪巴，各有各的四加行，都得修啊。不論你學圖博的哪一派、哪一教義，都必須學顯教。如果你沒有學過五大論，就修密宗，上師要跟你講清楚的。

我在圖博的時候，在三大寺學顯教，要二十年。三大寺分成四個分院，依規定一個分院有幾十個‘康村’，‘康村’就是小院，看你是哪個地方來的，就安排住在同一個小院。例如‘假容康村’、‘卓馬康村’、‘紮上康村’，有蒙古來的，有安多來的，有康區來的，有漢地來的；因為你們是同一個家庭來的，大家語言也通，互相障礙少。小分院，就叫‘康村’。

從你入了‘康村’，入級度起，我們就掛了名了，屬於三大寺的人了。這叫‘級度’。級度是年紀大的不收，不得超過十歲。我是特殊的，我沒有修幾個月就退出了。我那一班都是小孩，年紀大的跟你搗蛋，一直跟你開玩笑，你得用語言溝通。學顯教，一年一班，進到第二十班，畢業了，考格西，就像我們要考大學文憑，之後，堪布批准了，每天露天上課的時候，一班五十個人，分為好多堆，向十人圍攏一堆，下雨也在那兒聽，不過，圖博下雨的時候很少，一年升一班，一共有二十班。

你在‘箚倉’、‘中院’裡頭，考上格西了，‘中院’許可你畢業。按照規定，沙拉寺是五千位喇嘛，哲蚌寺是七千位喇嘛，噶當寺是三千位喇嘛，但是後來都超出這個數位了，人非常多了。之後再考試的時候，全寺都向你辯論，你一人坐在高座，大家提問題，那種問題不容易答覆啊。

我舉個例子，他們問你：‘釋迦牟尼佛是不是佛？’‘是佛，他成了佛，就是現在所知道的釋迦牟尼佛。’‘十法界，有沒有又是佛，又是人，你怎麼分辨不行，十法界，人是人，佛是佛，你怎麼盡分呢？’你怎麼答覆？口說不行，辯不行，你得引經論，《阿含經》怎麼說，《俱捨論》怎麼說，《大乘莊嚴經論》怎麼說，《現觀莊嚴論》怎麼說，《瑜伽師地論》怎麼說，你必須舉出來哪一哪一頁、多少行。

在圖博，不是我們講你們聽，他們是從小孩起就背，背完了上課了，沒有老師給你講。一個學生站在中間，大家就提出問題來辯論。你要是記錯了，那是多少頁、多少頁，之後，他們來羞你，大家就說你腦殼‘地裡呢可樂松’（即增加他智慧），你太愚癡了，為了增長你的智慧，回去好好念。在圖博，大家都是用背誦的，你要是問他，他答覆如流，哪部經、多少行、多少頁。你問我們漢僧，我們只講大義，根本不背，他們是全部背起來。

二十年畢業了，你背了許多經論。你要是在考試的時候，誰問你，你都能答覆得了，那就不是一本經論可以面對的，需要融通許多經論。他們問你這部經這麼說，那部經為什麼那麼說？你必須融通起來，你要答哪部經怎麼說，你得舉事實例子，不是空口說話。我要對我們這邊的道友提問題，我問你，哪部經、多少頁、多少行，你一個也答不出來；你早忘了，哪有那個記性。

在圖博，你要講老師開示，得先舉出例子來，《瑜伽師地論》第二百二十頁，或者是多少行的那句話，我不太理解。師父馬上就跟你答了。如果他記不得，馬上就把經論拿出來，照那段經論給你答。有的師父年紀大了起來記不得，他拿著經書一翻，馬上就給你答，是這樣的。

二十年畢業了，在‘箚倉’考上了，又到全寺考上了，之後還有‘大昭寺’。‘門郎欽波’，就是大昭寺的‘門郎欽波’，全圖博的喇嘛都來。你放‘檔假’，‘檔假’就是做法主。就像玄奘法師在大阿蘭陀寺，全印度的人，不論外道、佛道都來問你，你答覆吧。如果答不出來怎麼辦呢？砍腦殼。如果有人把玄奘法師問住，他自願把腦殼給你。所以玄奘法師在印度出名，沒有一個提出問題能問倒他的，提問題的人不敢提了，沒有辦法。要有這樣的智慧。

你考上‘阿榮巴格西’，三大寺才承認你是真正的格西。或者起碼你得在你的寺院裡頭考上格西，你才能進入密宗院。密宗院在拉薩市裡叫小昭寺，密宗院不收多，僅收五百人。到了密宗院，先學五年，你才能受灌頂。你得能拿‘糌巴’跟‘麵粉’這麼一擔，就擔出個壇城來。你要修行得有壇城。大家受過灌頂，看見旁邊的壇城，這是喇嘛自己做的！你得會做壇城。你要不是學顯宗學得開智慧的話，你根本做不了。你看圖博拿酥油做的花，到了臘月二十五，宗喀巴大師的生日，你可以到三大寺，去看喇嘛做的酥油花。這樣學五年會做壇城了，才能夠受灌頂。受了灌頂了就必須去閉關，最少三年，或者五年，或者十年。閉了關，這個法修成功了，就可以了。之後，你的本尊上師許可你給人家灌頂。

到圖博去，知道兩位大德，那是圖博清末民初的聖人，一位是康薩仁波切，另一位是頗邦仁波切。學密宗的人，很少不知道頗邦喀仁波切、不知道康薩仁波切，這是當代的修行人，再加上過去行苦行的密勒日巴。圖博不分哪一派，真正有道德的是不分宗派。

大家已經知道密宗的大概情形當你受灌頂的時候，你考慮考慮，‘我自己是什麼程度。’當你受下來，‘我念念咒也可以了，師父加持我，我念念。’你受灌頂的時候，你起碼得持十萬遍；從受灌頂的那天起，必須受持十萬遍，你才能做別的事兒。如果這個基本要求沒有做到，受了灌頂，出來離開上師，灌頂就還給他了，上班的上班，做生意的做生意，你去幹什麼？作秀去了！種個善根而已，這是學密宗？

學佛法、聽到了、聞到了，就要思，之後就要修。我們聽課的時候聽完了，回來有一段空閒的時間，自己沈思一下，把聽到的話，思惟一下。不思惟，你一走就忘了。經過這一段沈思，掌握住它的義理、精神，之後你才走，‘重聞入於心，把聞聞自性’，聞不是耳朵啊，要入到你的內心。入到內心你再翻出來。我應當怎麼做？對於今天所說的這些毛病，我有沒有？有，我現在開始我要這麼做。

如果以前犯戒了，以後懺悔，還是清淨的；如果以前持戒，以後犯了，非下地獄不可，那是決定的，明知故犯。你不知道佛法，你只有一個性罪，不犯遮罪；你已經知道佛法了，遮罪比性罪還厲害。大家聞到佛法了，不再繼續造業，以前的罪就可以懺悔、消失；如果聞到佛法了，佛叫你不能這樣做，你還是照樣這樣做。你已經結婚了，還在外頭亂搞，這就是性罪，雖然不是什麼槍斃的罪過，但是，在佛教可不行了。如果你明知道偷別人的東西不對，你受了戒了，你還去偷別人的東西，這又不同了。

要是有人勸你受五戒，我都勸在家先不要受五戒，你先把五戒學習學習，一定記得，學佛是求解脫的，我這裡講的是解脫道，不是求煩惱，一定要記得。還有，你到了寺廟裡來，是求懺悔，是來燒香供佛。

2010 年 7 月 7 日，夢參老法師的開示

༄༅། །རི་བོ་བསང་མཆོད་ཀྱི་དག་འདོན་ཁྲིགས་བཀོལ་བཀུགས།

蓮師山淨煙供　　　　敦珠法王　編

༄༅།།རི་བོ་བསང་མཆོད་ཀྱི་བྱུང་བ་དང་ཕན་ཡོན་མདོར་བསྡུས།

山淨煙供法的介紹和煙供法的由來

南木喀吉美(虛空無畏)是圖博的一位金剛密乘上師大成就者。山淨煙供法是這位大成就者的原作，後再經由敦珠法王編輯成為現在的儀軌。根據記載，當時蓮花生大士有一個授記，是對南木喀吉美上師的預言:「你要去印度錫金這個地方好好朝聖！」。他去之前空行佛母（智慧海勝）也告訴他:「去朝聖時會廣行各種大善業，善的力量會大幅增長。正因為善的力量強大的，所以阻礙也會非常猛烈！」為了去除各種阻礙，就傳授了山淨煙供法。要常常念誦，當你行善的力量越強大的時，阻礙就會越強大。如果因為你常常念誦山淨煙供的話，這些阻礙即使發生也不能夠傷害到你。

相傳距今一千六百多年前，佛法傳到圖博地區。當時的圖博國王赤松德贊想建一座寺廟來弘揚佛法，但是白天蓋廟晚上卻被妖魔鬼怪破壞，蓋了很久一直蓋不起來。於是圖博國王派人到印度特請來法力高強的蓮花生大士。當時大家都認為蓮師會跟妖魔鬥法，但是蓮師來到當地，卻收集了許多香樹木、松樹等，以及一些好吃的食物、好看的物品，等到晚上，將這些美好的供品食物燃燒，同時配合上經咒，布施給這些妖魔。妖魔鬼怪們在接受了布施後，感到非常滿足和幸福，所有來接受布施的無形眾生被蓮師的慈悲深深感動同時也升起了感恩之心，便盡心盡力幫忙蓋廟，工程反而提早完工。而這廟便是圖博的第一座寺廟——桑耶寺。

藉著煙供儀軌的觀修，煙供材料的燻燒，針對四種賓客上供下施。

功德利益如下：

供養三寶三根本：十方諸佛菩薩聖者眾，已經斷除了輪迴的種種過患，圓滿具足了種種受用。經由上供的修持，可以增長我們的福智二資糧，承受諸佛菩薩的加持。

供養世、出世間二種護法：可以得到護持的力量，免於種種的障礙，增長我們利益眾生的事業。

供施六道眾生：所有六道眾生，都是我們過去生的父母，冤親債主，也是我們應以歡喜心去利益他們，償還的對象。供施六道眾生和冤親債主，可以清償過去的業障，引導眾生成就解脫，滿足一切祈願。

下施鬼道與非人：鬼道與非人之眾生，都有饑饉困乏的痛苦。誠心向彼等供施，可以解除他們的痛苦，圓滿菩提心的修持，並且迴遮鬼道與非人眾生所引起的疾病，以及消除短命、生命的留難等等的障礙違緣。其他例如惡夢，霉運、等不吉利的事情，也可以得到清淨。因為令鬼道，非人眾生心開意解、身心舒快滿足，所以我們能夠增長各方面的助緣，隨心順利。

此蓮師山淨煙供法又稱日哦桑切（山上的煙供），圖博、尼泊爾各地的法王及仁波切皆會於每日早上虔修此山淨煙供法，從而達到健康長壽，消除業障、減少障礙的目的。

此法如鑽石般珍貴，是蓮師法教中短而最殊勝的煙供法，系沿傳大師拉尊南木喀吉美自空行母的搖鼓聲音中顯現而得的特別法，是奇妙無上的法。

如果每天修供山淨煙供法，會一切圓滿、願望成熟，護持佛法，消除修行的障礙，得到保護，名聲顯達，運勢順利。

凡于建蓋寺廟、舍利塔、房屋時、朝聖時或至聖地、秘密地時或要消除疾病、傳染病時，四大教派每日皆會修持此殊勝之山淨煙供法。

ཨོཾ་སྭ་སྟི།

ལྷ་བཙུན་རིག་འཛིན་སྲོག་སྒྲུབ་ཀྱི་མན་ངག་རི་བོ་བསང་མཆོད་ལག་ཏུ་ལེན་པ་ལ།

གཙང་མའི་སྣོད་དམ་ཐབ་ཏུ་བཟང་ཤིང་སྤོས་སྨན་དཀར་མངར་བསང་སྣ་ཕྱེ་མར་སོགས་གང་འབྱོར་

བཀྲ་ཤིས་པའི་མེར་བསྲེགས་ཤིང་ཆུ་གཙང་བྲན།

用清水灑淨各種木材及五穀粉燃香等供品

ཐོག་མར་སྐྱབས་འགྲོ་ནི།

皈依

ཨོཾ་ཨཱཿཧཱུྃ༔ མཁའ་མཉམ་སྲིད་ཞིའི་སྐྱབས་ཀུན་སྙིང་པོའི་བཅུད༔

嗡 阿吽 喀釀木氏西 甲卜袞 寧沃貝

དབང་དྲག་རིག་འཛིན་པདྨ་ཐོད་ཕྲེང་རྩལ༔

旺紮 仁真 貝瑪 陀呈哉了

ཁྱེད་སྐུར་སྣང་སྲིད་རྒྱལ་བའི་དཀྱིལ་འཁོར་རྫོགས༔

切固兒 囊習 甲維 紀闊兒 佐

འགྲོ་ཀུན་སྲིད་ལས་བསྒྲལ་ཕྱིར་སྐྱབས་སུ་མཆི༔ ལན་གསུམ།

卓袞 習類 乍了希兒 甲卜速齊（3 遍）

སེམས་བསྐྱེད་ནི།

發心

གསང་མཆོག་ཡེ་ཤེས་འོད་གསལ་ཐིག་ལེའི་གཞིར༔

桑卻 葉錫 哦薩了 梯列惜兒

འགྲོ་ཀུན་སྒྲིབ་གསུམ་དག་ནས་སྐུ་དང་གསུང་༔

卓袞 知卜蘇木 達涅 故檔誦

ཐུགས་ཀྱི་ཐིག་ལེར་ལྷུན་གྲུབ་སྣང་བཞིའི་ངང་༔

圖吉 梯類 輪竹布 囊惜昂

གཞོན་ནུ་བུམ་སྐུར་གྲོལ་བར་སེམས་བསྐྱེད་དོ༔ ལན་གསུམ།
巡努 溫木故兒 昨了哇兒 謝木節埵(3 遍)

ཡན་ལག་བདུན་པ་ནི།
七支佛事偈

གཞིས་རིག་མ་བཅོས་གཉུག་མར་ཕྱག་འཚལ་ཞིང་༔
希日 瑪決 紐瑪兒 夏擦了興
གཉིད་མཐའ་བྲལ་བའི་འོད་གསལ་མཆོད་པར་འབུལ༔
丁他 扎了偉 哦薩了 雀巴兒布了
འཁོར་བ་ཀྱུད་འདས་མཉམ་ཉིད་ཀློང་དུ་བཤགས༔
闊兒哇 娘碟 娘木尼 隆篤夏
བློ་བྲལ་ཆོས་ཟད་ཆེན་པོར་རྗེས་ཡི་རང་༔
洛札了 雀謝 千波兒 節以讓
ལྷུན་གྲུབ་རྫོགས་པ་ཆེན་པོའི་ཆོས་འཁོར་བསྐོར༔
輪竹 作巴 千波 雀闊兒過兒
འཁོར་བ་དོང་ནས་སྤྲུགས་པར་གསོལ་བ་འདེབས༔
闊兒哇 董涅 駐巴兒 梭哇碟布
འཁོར་གསུམ་དམིགས་མཐའ་བྲལ་བའི་ལ་མཐའ་བསྔོ༔
闊兒孫木 覓他 扎了偉 帕他兒哦

བདག་བསྐྱེད་ནི།
自生

ཀ་དག་ཆོས་སྐུའི་དབྱིངས་ལས་འགགས་མེད་རྩལ། །
嘎達 確固 應類 嘎昧 則了

པདྨ་ཐོད་ཕྲེང་དཀར་དམར་གཞོན་ཚུལ་མཛེས། །

貝瑪 托襯 嘎兒瑪兒 尋促了 哉

མཚན་དཔེའི་གཟི་འབར་རྡོ་རྗེ་ཐོད་པ་བསྣམས། །

燦會 錫巴兒 多傑 托巴 南木

མཛེས་བརྗིད་རྒྱན་དང་ཆ་བྱད་ཡོངས་སུ་རྫོགས། །

哉吉 建檔 洽謝 永速昨

དམ་ཡེ་གཉིས་མེད་རྒྱལ་ཀུན་འདུས་པའི་གཟུགས། །

檔木業 尼昧 傑了袞 堆貝速

འཁོར་འདས་ཀུན་གྱི་སྤྱི་དཔལ་ཆེན་པོར་གྱུར། །

闊兒得 袞計 即華了 千波兒 就兒

ཨོཾ་ཨཱཿཧཱུྃ་བཛྲ་གུ་རུ་པདྨ་སིདྡྷི་ཧཱུྃ༔ ཞེས་བརྒྱ་རྩ་ཙམ་བཟླ།

嗡阿吽 班扎 咕如 貝瑪 悉諦吽(108 遍)

དེ་ནས་བསང་རྫས་རྣམས་རཾ་ཡཾ་ཁཾ་གིས་བསང་སྦྱང་།

讓木養木康木(3 遍)

སྟོང་པའི་ངང་ལས་བསང་རྫས་ཟག་པ་མེད་པའི་ཡེ་ཤེས་ཀྱི་བདུད་རྩི་འདོད་ཡོན་རྒྱ་མཚོའི་སྤྲིན་ཕུང་
མཁའ་ཁྱབ་ཏུ་འགྲོ་བར་གྱུར།

複次，諸煙供物以“讓木養木康木”淨穢。

空性狀態中煙供物成無漏智慧甘露妙欲海會雲層周遍虛空

འབྲུ་གསུམ་དང་ནམ་མཁའ་མཛོད་སྔགས་ལན་གསུམ་སོགས་ཀྱིས་བྱིན་བརླབ་པ། །

ཨོཾ་སྭ་བྷཱ་ཝ་ཤུདྡྷ་སརྦ་དྷརྨཱ་སྭ་བྷཱ་ཝ་ཤུདྡྷོ྅ཧཾ། ཞེས་མ་དག་པ་སྦྱངས་ནས་སྟོང་པ་ཉིད་དུ་བསམས་པ། སྙིམ་པ་སྦྱར་བའི་སོར་ཚིགས་བསྣོལ་བ་ནམ་མཁའ་མཛོད་ཀྱི་ཕྱག་རྒྱ་བྱ།

ཨོཾ་ན་མཿསརྦ་ཏ་ཐཱ་ག་ཏེ་བྷྱོ་བི་ཤྭ་མུ་ཁེ་བྷྱཿསརྦ་ཐཱ་ཁཾ་ཨུདྒ་ཏེ་སྥ་ར་ཎ་ཨི་མཾ་ག་ག་ན་ཁཾ་སྭཱ་ཧཱ།

ཞེས་པ་འགྲོན་རྣམས་སོ་སོའི་ཤེས་པ་དང་མཐུན་པའི་ཡོ་བྱད་ནམ་མཁའ་གང་བར་བསམ་ཞིང་། ཐལ་མོ་སྦྱར་བ་བསྐྱེད་དེ་མཐེ་བོང་བསྣོལ་བ་བདུད་རྩི་འཁྱིལ་བའི་ཕྱག་རྒྱ་དང་།

ཨོཾ་བཛྲ་ཨ་མྲྀ་ཏ་ཀུཎྜ་ལི་ཧ་ན་ཧ་ན་ཧཱུྃ་ཕཊ། ཅེས་པས་ཐམས་ཅད་ཀྱི་སྡུག་བསྔལ་མཐའ་དག་ཞི་བར་བྱེད་པའི་བདུད་རྩིའི་རྒྱ་མཚོ་ཆེན་པོར་བསམ།

དེ་ནས་གཡས་རྡོ་རྗེ་རྩེ་ལྔ་སྙིང་གར་བཅས་གཡོན་མཆོད་སྦྱིན་འདེགས་པ་ལྟར་བྱ་བ་ཤུགས་ལྡན་འོད་ཀྱི་ཕྱག་རྒྱ་དང་།

ན་མཿསརྦ་ཏ་ཐཱ་ག་ཏ་ཨ་ཝ་ལོ་ཀི་ཏེ་ཨོཾ་སམྦྷ་ར་སམྦྷ་ར་ཧཱུྃ། ཞེས་པས་འཕགས་པ་ཐམས་ཅད་ཀྱི་སྤྱན་སྔར་མཆོད་སྦྱིན་མཐའ་ཡས་དང་། སེམས་ཅན་རྣམས་ཀྱི་སྤྱོད་ཡུལ་དུ་འདོད་པའི་ལོངས་སྤྱོད་ཟད་མི་ཤེས་པར་བསམ།

དེ་ནས་གཡོན་རྡོ་རྗེ་ཁུ་ཚུར་སྙིང་གར་བཞག་གཡས་མཆོག་སྦྱིན་མཛད་པ་ཡེ་ཤེས་སྣར་མདའི་ཕྱག་རྒྱ་བྱ།

ཨོཾ་ཛྙཱ་ན་ཨ་ཝ་ལོ་ཀི་ཏེ་ན་མཿསམནྟ་སྥ་ར་ཎ་རསྨི་ཨོཾ་སྭ་བྷཱ་ཝ་ས་མ་ཡ་མ་ཧཱ་མ་ཎི་དུ་རུ་དུ་རུ་ཧྲི་ད་ཡ་ཛྭ་ལ་ནི་ཧཱུྃ། ཞེས་ཤུགས་ཤིང་གི་རྒྱལ་པོ་རབ་དང་མཉམ་པས་འཕགས་པ་རྣམས་ལ་ཕུལ་བས་མཉེས་ཤིང་། སེམས་ཅན་ལ་བྱིན་པས་ཡོ་བྱད་ལ་ཆོད་པ་མེད་ཅིང་མཐུན་པའི་ཡིད་དང་ལྡན་པར་བསམ།

དེ་ནས་རྡོ་རྗེ་བསྣམ་པ་དང་བཅས་བསྒྱུར་བ་དང་དབང་སྒྱུར་འཁོར་ལོའི་ཕྱག་རྒྱ་བཅས་ལ།

ན་མཿསམནྟ་བུདྡྷཱ་ནཱཾ་གྲ་ཧེ་ཤྲཱ་རི་བྲ་ཛྙ་ཝཱ་ཙེ་ཧེ་མ་ཧཱ་ས་མ་ཡ་སྭཱ་ཧཱ། ཞེས་པས་ཐམས་ཅད་ཀུན་དམ་ཚིག་ལ་གནས་པས་ལན་པ་དང་བདེ་བའི་ཕྲིན་ལས་འབབ་ཞིག་བསྒྲུབ་པར་བསམས་ཏེ་ཕྱག་རྒྱ་ཕྱོགས་བཅུར་བསྟན་ཅིང་སྔགས་རྣམས་ལན་གསུམ་བརྗོད་པར་བྱའོ། །

為了初學者方便，特以加入以下特別殊勝的六個咒語和六種手印

加持供品

法性清淨印：**嗡 梭拔哇 咻達 沙哇 達爾麻 梭拔哇 咻多杭**

淨治不淨垢染化空 三遍

虛空藏手印：**那嘛 沙哇 大他嘎大 拔尤比秀木給貝 沙哇他 康 屋嘎喋 薩帕日阿那 伊芒 葛葛那 康梭哈**

各契心意受用周遍虛空 三遍

甘露合掌手印：**嗡 班扎 阿密大 袞紮利 哈那哈那 吽呸**

成能息諸苦甘露海 三遍

具力光印：**嗡 那嘛沙哇 大他嘎大 阿瓦羅給迭 嗡 桑日阿 桑巴日阿 吽** 成供施受用無窮盡 三遍

智慧流星印：**嗡 嘉那 阿哇洛給迭 拿麼薩門達 日密八瓦薩瑪雅 瑪哈瑪尼 都魯都魯 舍達呀 捉拉那 吽**

聖眾歡喜諸賓厭足 三遍

權攝輪印：**拿嘛 杉門大 布達南 扎嘿 咻阿日益 跋日阿班雜第 瑪哈薩瑪呀梭哈**

歡喜成辦利樂事業 三遍

以六咒六印受持已，一切煙供物無所緣化空性。

ཧཱུྃ༔ རིན་ཆེན་སྣ་ཚོགས་དྭངས་མའི་སྤྱོད་ཡངས་སུ༔

準木 仁千 那措 檔昧 諾楊速

འཇིག་རྟེན་སྲིད་པའི་འདོད་རྒུ་དམ་ཚིག་རྫས༔

幾顛 悉貝 對固 檔木次哉

འབྲུ་གསུམ་ཡེ་ཤེས་བདུད་རྩིར་བྱིན་བརླབས་པས༔

主誦木 業錫 篤之兒 新拉布貝

སྣང་སྲིད་མཆོད་པའི་འདོད་རྒུར་འཁྲིགས་པ་འདི༔

囊錫 確貝 對固兒 替巴第

བླ་མ་ཡི་དམ་ཌཱ་ཀི་ཆོས་སྐྱོང་དང་༔

喇嘛 宜當木 達個 確誦檔

ཕྱོགས་བཅུ་རྒྱལ་བའི་དཀྱིལ་འཁོར་ཇི་སྙེད་དང་༔

修具 甲偉 計闊兒 計涅檔

འཛམ་གླིང་གཞི་བདག་རིགས་དྲུག་ལན་ཆགས་མགྲོན༔

札木另 習達 日竹 蘭洽準

ཁྱད་པར་བདག་གི་ཚེ་འཕྲོག་སྲོག་རྐྱ་ཞིང་༔
切罷兒 達個 才綽 索固形
ནད་གདོང་བར་ཆད་རྩོམ་པའི་འབྱུང་པོ་དང་༔
涅董 哇兒切 綜木貝 炯握檔
རྨི་ལམ་རྟགས་མཚན་ངན་དང་ལྟས་ངན་རིགས༔
米蘭木 大燦 年檔 碟年日
སྡེ་བརྒྱད་མ་རུང་ཆོ་འཕྲུལ་བདག་པོ་དང་༔
碟傑 瑪榮 秋處 達博檔
ཟས་དང་གནས་དང་ནོར་གྱི་ལན་ཆགས་ཅན༔
誰檔 涅檔 諾兒吉 蘭洽間
གྲིབ་བདག་སྙོ་འདྲེ་ཕོ་གཤིན་མོ་གཤིན་དང་༔
知布達 紐哲 波信 末信檔
གྲི་བོ་ཐེ་རང་གྲོང་སྲིན་འདྲེ་མོ་བཙས༔
知握 鐵讓 中森 哲莫傑
ལན་ཆགས་དམར་པོའི་མེ་ལ་བསྲེགས་ཏེ་འཇལ༔
蘭洽 瑪兒握 美拉 些碟佳了
རང་རང་ཡིད་ལ་གང་འདོད་འདོད་རྒྱུའི་ཆར༔
讓讓 宜拉 剛對 對固洽兒
དེ་སྲིད་ནམ་མཁའ་གནས་ཀྱི་བར་ཉིད་དུ༔
吉賽 南木喀 內及 哇兒 涅讀
འདོད་པའི་ཡོན་ཏན་ཟད་པ་མེད་པར་བསྐོ༔
對貝 元旦 塞巴 咩巴兒哦
བདག་གི་དུས་གསུམ་བསགས་པའི་སྡིག་སྒྲིབ་དང་༔
達個 讀誦木 沙北 迪知布檔
དཀོན་མཆོག་དང་གཞན་དཀོར་ལ་སྤྱད་པ་རྣམས༔
袞秋 碟新 郭兒拉 傑巴南木

སྤྲིན་སྲིག་མེ་མཆོད་འདི་ཡིས་དག་གྱུར་ཅིག༔

景沙 美確 碟宜 達就兒計

མེ་ལྗེ་སྣང་སྲིད་གང་བའི་རྩལ་ཕྲན་རེས༔

美界 囊系 剛偉 度禪日意

ཀུན་བཟང་མཆོད་པའི་སྤྲིན་ཕུང་མི་ཟད་པ༔

袞桑 確貝 真碰 美塞巴

རྒྱལ་བའི་ཞིང་ཁམས་ཡོངས་ལ་ཁྱབ་གྱུར་ཅིག༔

甲偉 型康木 永拉 洽布就兒計

མེ་ལྗེ་ཡི་ཤེས་འོད་ལྔའི་མཆོད་སྤྲིན་ཟེར༔

美界 業錫 窩夾 確金塞兒

རིགས་དྲུག་མནར་མེད་གནས་སུ་ཁྱབ་གྱུར་པས༔

日益竹 那兒美 涅俗 洽布就兒偉

ཁམས་གསུམ་འཁོར་བ་འཇའ་ལུས་འོད་སྐུར་གྲོལ༔

康木誦木 扣兒哇 嘉祿 哦固兒昨了

འགྲོ་ཀུན་བྱང་ཆུབ་སྙིང་པོར་སངས་རྒྱས་ཤོག༔

昨袞 祥秋布 寧握兒 桑傑修

ཨོཾ་ཨཱཿཧཱུྃ༔

嗡阿吽

ཞེས་འབྲུ་གསུམ་བརྒྱ་སྟོང་སོགས་གང་འགྲུབ་མཐར།

(多遍 100 或 1000 遍,以千百億數作供養)

སྐུ་གསུམ་དག་པ་སྣོད་ཀྱི་གཞལ་ཡས་སུ༔

固誦木 達巴 諾計 謝耶速

ཆོས་ལོངས་སྤྲུལ་གསུམ་སྣང་སྲིད་གཟུགས་ཕུང་རྣམས༔

確隆 諸誦木 囊系 速碰囔木

བདུད་རྩིར་ཞུ་བས་འཇའ་འོད་བར་སྣང་གང༔

讀知兒 修偉 佳喔 哇兒囊槓

འཁོར་བ་སྐྱིད་འདས་ཟག་མེད་བདུད་རྩིའི་བཅུད༔
闊兒哇 娘碟 薩昧 讀知具

ཐོག་མེད་དུས་ནས་ད་ལྟ་ཡན་ཆད་དུ༔
托梅 讀涅 達大 言切讀

སྣང་སྲིད་མགྲོན་དུ་བྱུར་བ་ཡོངས་ལ་བསྔོ༔
囊塞 準讀 就兒巴 永拉喔

ས་ལམ་འབྲས་བུའི་ཡོན་ཏན་མཐར་ཕྱིན་ཤིང༔
薩拉木 寨悟 元旦 踏兒新信

ལྟ་སྒོམ་སྤྱོད་པའི་བར་ཆད་ཀུན་བསལ་ནས༔
達果木 覺貝 哇兒切 袞塞了涅

རྨད་བྱུང་ཀུན་བཟང་ཐུགས་ཀྱི་མཁའ་དབྱིངས་སུ༔
昧雄 袞桑 突吉 卡應速

གཞོན་ནུ་བུམ་སྐུར་གདན་སྲིད་ཟིན་པར་ཤོག༔
尋努 溫木固兒 佃細 行巴兒修

འཁོར་བའི་རྒྱ་མཚོ་ཆེན་པོ་སྟོངས་པའི་མཐར༔
闊兒偉 甲措 千波 動貝他兒

འོག་མིན་པདྨ་དྲྭ་བར་སངས་རྒྱས་ཤོག༔
喔昧 貝瑪 扎哇兒 桑傑秀

ཕུང་ཁམས་བསྙིག་རྫས་བཀག་མདངས་གཟི་བརྗིད་འབར༔
碰康木 薩哉 扎檔 史記巴兒

དཀར་དམར་བྱང་སེམས་བསྙིག་རྫས་བདེ་སྟོང་འབར༔
嘎兒瑪兒 祥塞木 薩傑 碟動拔兒

སྟོང་ཉིད་སྙིང་རྗེའི་བསྙིག་རྫས་ཆོས་དབྱིངས་གང༔
東尼 寧界 薩哉 確應槓

སྣང་སྲིད་འཁོར་འདས་རྡོ་རྗེའི་འོད་ལྔའི་གཞིར༔
囊細 闊兒碟 多傑 哦夾細兒

ལྷུན་གྲུབ་རྫོགས་སངས་རྒྱས་པའི་བསྒྲིག་རྫས་འབུལ༔
輪竹 作桑 傑貝 薩哉布了

སྨོན་གྱི་ལན་ཆགས་ཐམས་ཅད་བྱང་གྱུར་ཅིག༔
嗡吉 蘭洽 湯木傑 祥就兒吉

ད་ལྟ་རྒྱུད་ལ་མི་གནས་མཐོལ་ལོ་བཤགས༔
達大 距拉 米涅 托洛夏

མ་འོངས་སྒྲིབ་པའི་འཁོར་ལོར་མ་གྱུར་ཅིག༔
瑪嗡 知布貝 闊兒洛兒 瑪就兒吉

སོ་ཐར་བྱང་སེམས་རིག་པ་འཛིན་པ་ཡི༔
梭踏兒 祥塞木 日益巴 真巴意

སྡོམ་བཅས་བསླབ་པ་གསང་སྔགས་དམ་ཚིག་རིགས༔
堆木傑 喇布罷 桑阿 檔木測日益

ཚོར་དང་མ་ཚོར་ཉམས་པ་མཐོལ་ལོ་བཤགས༔
措兒檔 瑪措兒 娘木巴 托落下

ནད་གདོན་གྲིབ་དང་མི་གཙང་དག་གྱུར་ཅིག༔
涅頓 知布檔 密藏 達就兒計

ནད་མུག་མཚོན་གྱི་བསྐལ་པ་ཞི་གྱུར་ཅིག༔
涅木 村計 嘎了哇 錫就兒吉

མཐའ་མི་དབུས་སུ་འོང་བའི་བསུན་མ་བཟློག༔
他密 窩速 嗡偉 孫瑪堆

ཆོས་མཛད་བླ་མ་གདན་འདྲེན་བར་ཆད་བཟློག༔
確哉 喇嘛 殿真 哇兒切堆

བོད་ཡུལ་བཀྲ་མི་ཤིས་པའི་ལྟས་ངན་བཟློག༔
涅由 扎米錫貝 碟恩堆

གཟའ་ཀླུ་རྒྱལ་ནོས་སྲོག་དབུགས་སྡུད་པ་བཟློག༔
薩露 甲窩益 所悟 堆巴堆

འཇིགས་པ་ཆེན་པོ་བརྒྱད་དང་བཅུ་དྲུག་ཟློག༔
吉巴 千波 傑檔 就住埵
བདག་ཅག་འཁོར་བཅས་བཀྲ་མི་ཤིས་པ་ཟློག༔
達價 闊兒傑 札米細巴埵
དམ་སྲི་འགོང་པོའི་མཐུ་སྟོབས་ནུས་པ་ཟློག༔
檔木細 拱悟 突多布 努巴埵
薩瑪耶
ས་མ་ཡ༔
གྲངས་གསོག་ཚེ་སྐར་ཡང་། ཧཱུྃ༔ རིན་ཆེན་སྣ་ཚོགས་སོགས་ནས། འབྲུ་གསུམ་གང་མང་དང་། སྔ་
གསུམ་དག་པ་སོགས་ཅི་རིགས་མཐར།

རྗེས་ཉི།
迴向

རྒྱལ་བ་མཆོད་པས་མཉེས་གྱུར་ཅིག །
嘉哇 確貝 涅就兒計
དམ་ཅན་ཐུགས་དམ་སྐོང་གྱུར་ཅིག །
檔木間 圖檔木 工就兒吉
རིགས་དྲུག་འདོད་པ་ཚིམས་གྱུར་ཅིག །
日益住 堆巴 策木 就兒吉
ལན་ཆགས་ཤ་མཁོན་སྦྱང་གྱུར་ཅིག །
蘭洽 夏坤 講就兒吉
ཚོགས་གཉིས་ཡོངས་སུ་རྫོགས་གྱུར་ཅིག །
措匿 永速 鑿就兒吉
སྒྲིབ་གཉིས་བག་ཆགས་དག་གྱུར་ཅིག །
知布匿 哇洽 達就兒吉

དམ་པ་སྐུ་གཉིས་ཐོབ་གྱུར་ཅིག །
檔木巴 固匿 托布就兒吉
སྨིན་པ་རྒྱ་ཆེན་གྱུར་བ་འདི་ཡི་མཐུས། །
敬巴 甲慶 就兒巴 德益免
འགྲོ་བའི་དོན་དུ་རང་བྱུང་སངས་རྒྱས་ཤོག །
卓偉 敦督 讓雄 桑傑修
སྔོན་གྱི་རྒྱལ་བ་རྣམས་ཀྱིས་མ་གྲོལ་བའི། །
嗡吉 甲哇 南木計 瑪卓了偉
སྐྱེ་བོའི་ཚོགས་རྣམས་སྨིན་པས་གྲོལ་གྱུར་ཅིག །
傑窩益 措南木 金貝 卓兒就兒吉
འབྱུང་བོ་གདང་དག་འདིར་ཉི་ལྷགས་གྱུར་ཏམ། །
炯握 剛達 滴兒尼 拉就兒達木
ས་འམ་འོན་ཏེ་བར་སྣང་འཁོད་ཀྱང་རུང་། །
撒盎木 汪代 瓦兒囊 闊將榮
སྐྱེ་རྒུ་རྣམས་ལ་རྟག་ཏུ་བྱམས་བྱེད་ཅིང་། །
傑固 南木拉 達度 祥木 謝進
ཉིན་དང་མཚན་དུ་ཆོས་ལ་སྤྱོད་པར་ཤོག །
尼檔 參度 確拉 覺巴兒 修
དགེ་བ་འདི་ཡིས་སྐྱེ་བོ་ཀུན། །
給瓦 德益 傑悟 袞
བསོད་ནམས་ཡེ་ཤེས་ཚོགས་རྫོགས་ཤིང་། །
索南木 業錫 措作 新
བསོད་ནམས་ཡེ་ཤེས་ལས་བྱུང་བའི། །
索南木 業錫 類雄偉
དམ་པ་སྐུ་གཉིས་ཐོབ་པར་ཤོག །
達木巴 固尼 托巴兒 修

འབད་དང་རྩོལ་བས་མ་གོས་པ། །
貝檔 作了偉 瑪貴巴
ཡིད་བཞིན་ནོར་བུ་དཔག་བསམ་ཞིང་། །
業新 諾兒悟 華桑木 新
སེམས་ཅན་རེ་བ་སྐོང་མཛད་པ། །
甚木間 熱哇 工哉巴
བསམ་པ་འགྲུབ་པའི་བཀྲ་ཤིས་ཤོག །
三巴 朱貝 札希秀

ཅེས་སོགས་ཤིས་པ་བརྗོད་པས་དགེ་ལེགས་སུ་ཇོ། །

འདི་ལ་ཕྱག་ཡིན་རྒྱུས་བསྟུས་སྣ་ཚོགས་ཤིག་སྣང་བ་ལས། འདིར་ནི་རང་གི་བློ་འདོད་ལྟར་སྒྲིས་པ་བསྡུ་བའི་དག་འདོན་རྒྱུན་ཁྱེར་དུ་བྲིས་པ་སྟེ་གྲོང་ཕྱགས་པའི་ལ་རྡོ་ནས་གཙོད་སྡེ་ནས་སོ།། །།

蓮師山淨煙供

敦珠法王編

皈依

嗡啊吽
等空有寂諸皈依藏粹
權猛持明蓮華顱鬘力
尊身現有勝者壇城圓
度脫群生輪回故皈依
三遍

發心

勝密本智光明明點基
眾生三障淨已身語意
彼之明點任運四相中
解脫童瓶之身而發心
三遍

七支

頂禮本明元始無造作
遠離邊際光明作供養
輪涅平等性界中懺悔
離心廣大法盡而隨喜
請轉任運大圓滿法輪
祈請催滅三有輪回苦
回向三輪無所緣彼岸

自生

嗡麻哈休 那雅大 嘉那班紮梭拔哇 欽麻果杭

本淨法身界中無毀力
蓮華顱鬘白紅妙童相
相好威赫持杵與顱器
端妙莊嚴衣飾悉圓滿
誓智無二諸佛總集身
集諸輪涅總合大吉祥

蓮師心咒 百遍 嗡阿吽班扎咕如貝瑪悉諦吽
複次，諸煙供物以“朗養康”淨穢。
空性狀態中煙供物成無漏智慧甘露妙欲海會雲層周遍虛空

加持供品

加持供品
法性清淨印：**嗡 梭拔哇 咻達 沙哇 達爾麻 梭拔哇 咻多杭**
淨治不淨垢染化空 三遍
虛空藏手印：**那嘛 沙哇 大他嘎大 拔尤比秀木給貝 沙哇他 康 屋嘎喋 薩帕日阿那 伊芒 葛葛那 康梭哈**
各契心意受用周遍虛空 三遍
甘露合掌手印：**嗡 班扎 阿密大 袞紮利 哈那哈那 吽呸**
成能息諸苦甘露海 三遍
具力光印：**嗡 那嘛沙哇 大他嘎大 阿瓦羅給迭 嗡 桑日阿 桑 巴日阿 吽** 成供施受用無窮盡 三遍

智慧流星印：**嗡 嘉那 阿哇洛給迭 拿麼薩門達 日密八瓦薩瑪雅 瑪哈瑪尼 都魯都魯 舍達呀 捉拉那 吽**

聖眾歡喜諸賓厭足 三遍

權攝輪印：**拿嘛 杉門大 布達南 扎嘿 咻阿日益 跋日阿班雜第 瑪哈 薩瑪呀梭哈**

歡喜成辦利樂事業 三遍

以六咒六印受持已，

加持煙供物：**嗡班箚阿密大袞紮利 哈那哈那吽呸 三遍**

嗡梭拔哇 咻達沙哇達爾麻 梭拔哇 咻多杭

一切煙供物無所緣化空性

空性中阿字成珍寶器皿 廣大寬闊

其內嗡啊吽融而成

天物妙香之供養

種種乳木之香煙

珍饈摶食之紛陳

餗供大煙雲煙成智慧甘露遍滿一切地與虛空界中，色妙嚴，聲悅耳，香清香，味甘甜，觸輕軟，食而不盡，飲而無厭，無膩無傷，高廣過須彌山，深邃過海，多於塵剎，光昭於日月，等遍虛空之供養，起沉屙之藥，起死回生之甘露。

嗡阿嘎洛木康 沙哇達嘛南 阿呀奴邊那冬大 嗡啊吽呸梭哈 三遍

點燃此煙化成天女，身青、一面二臂，右持甘露瓶，左托盛滿靈藥之皿，面露微熙之姿。右瓶內甘露洗沐清淨地主龍怪五守舍神等，遣除一切罪障病魔，一切晦煞以甘露水灑淨。左盛皿內無量靈藥騰騰湧起，澈淨一切龍怪、地主之晦冥後，隨念佛陀教敕，為成滿我一切所願之助伴。

本師釋迦能王為有寂賓眾圍擁，
金剛持為教傳上師圍擁，
蓮花生大士為三處勇父空行眾圍擁，
聖文殊菩薩為功德賓眾圍擁，
觀世音菩薩為悲心賓眾圍擁，
金剛手菩薩為障礙族類冤親債主賓眾圍擁。
南無布達呀　南無達嗎呀　南無僧噶呀　班紮薩嘛紮紮
皈依佛　歸依法　皈依僧　班紮薩嘛紮紮

正行

(重複 3 次或數次)

宗！
諸種珍寶淨廣器皿中，
世間諸有希欲誓句物，
三字加持智慧之甘露，
現有供養希欲紛交錯。
上師本尊空行護法眾，
十方諸佛壇城盡所有，
瞻州地祇六道冤債賓，
尤其于我奪壽劫命者，
病魔障礙作祟之部多，
惡夢惡征凶相惡兆類，
八部兇暴變化之主等，

飲食住處財物之債主，
剎神顛鬼男女閻魔等，
冤魂餓鬼夜叉女鬼眾，
孽債付諸紅火盡焚淨，
各契心意希欲滿願雨，
乃至虛空安住之際中，
回向無盡妙欲之功德，
由我所造三世之罪障，
染諸虔信三寶超薦眾，
以此燒施火供令清淨，
火舌充遍現有諸微塵，
普賢供養雲層無窮盡，
唯願普悉周遍諸佛剎，
火舌智慧五光供施輝，
充塞六道無間地獄處，
三界輪回解脫虹光身，
眾生菩提藏中願成佛。
嗡啊吽　百千遍等隨力念誦

回向

三身清淨器皿越量中，
法報化身現有色蘊界，
融成甘露虹光遍虛空，
輪回涅槃無漏甘露粹，
無始之時乃至現今間，
現有轉成賓客悉回向。

地道果之功德達究竟，
普銷見修行中諸障礙，
稀有普賢心間虛空界，
童子瓶身常有願掌握，
空諸輪回大海之極際，
奧明蓮華網中願成佛，
蘊界燃物光華威光盛，
紅白菩提燃物空樂盛，
空性大悲燃物遍法界，
現有輪涅金剛五光基，
奉獻任運正等覺燃物，
過去一切冤孽令清淨，
現在無住相續發露懺，
未來障蔽之輪願不墮，
別解脫菩薩心持明等，
諸戒學處密乘三昧耶，
覺與不覺違犯發露懺，
病魔蓋障不淨願清淨，
疫荒刀兵諸劫願平息。
迴遮蠻夷進逼中原厄，
回遮迎請行法上師障，
回遮諸境不吉祥惡兆·
回遮星曜龍王等盜氣，
迴遮八大怖畏十六懼，
回遮我等眷屬不吉祥，
回遮冤魂厲鬼邪魔力！

招財法

傑！
虹身金剛法身此寶地，五光無礙虹光明點財，
四相光明空行界中招，祈賜虹身大遷轉成就。
蓮師密境勇父空行洲，天子天女遍佈諸國境，
令招勝共成就希欲財．祈賜祥壽福增益成就。
有寂希欲積聚此寶地，嚴飾年幼驕子諸神供，
令招子嗣珍寶希欲財，祈賜圓滿富貴諸成就，
財物吉祥旗箭及神饈，供養有趣大神歡喜物，
自壑藥叉五姝勾召財，自谿湖藥地母賜成就。
其間贊魔赫盛七兄弟，多傑雷巴大士令稱心，
于此方所吉祥瑞昌盛，廣宏白法正法之事業！

作息災業具菩提心眾，消除病魔罪障之事業，
作增益業珍寶種性眾，祈賜福壽增長之成就！
作懷愛業蓮花種性眾，祈賜權攝三界之成就！
作誅滅業羯磨種性眾，祈賜除敵障能力成就！
賜無餘成滿心願成就！

供神飲

朗養康　神飲成無漏智甘露大海
嗡啊吽　持明根傳上師勝士眾善逝總集寂忿廣衺尊
尤其智慧空行天眾等
享此神飲作瑜伽助伴

母怙姐妹曜魔眷屬俱
當間雷巴祥壽五天女
金剛玉宗護法貅貴瑪
享此神飲作瑜伽助伴
五守舍神救護九神尊
傲慢將軍三十父母子
教敕僕役使者眾俱全
享此神飲作瑜伽助伴
我等咒士種姓之護母
本地境域所住之地祇
年月日時當值之神祇
享此神飲作瑜伽助伴
三寶體性吉祥依怙師
續部海會三處空行眾
瑪貢灑朵長壽五天女
供養讚頌心願令自成

回向

吽
上師眾前以獻煙供力　願證無生自性本原理
本尊眾前以獻煙供力　願速成辦二種之成就
空行眾前以獻煙供力　願淨違犯三昧耶罪障
護法眾前以獻煙供力　願除成就菩提之障礙
具誓眾前以獻煙供力　願速誅滅教敵違誓者
功德賓前以獻煙供力　願護聖教並為助伴友
地祇眾前以獻煙供力　願消我等師徒之怨敵
悲心賓前以獻煙供力　願離六道諸趣各趣苦

孽債賓前以獻煙供力　願償曆生累世之孽債
以此敷設供物之能力　願增無盡妙欲之功德
以此廣大法施之加持　願諸有情得證無二義
讚頌境神地主戰神威　增壽福德財勢權享用
消除疫饑荒刀兵違厄　祈願年豐雨順自然成

以供諸佛願歡喜　酬願具誓願厭足
六道希欲願滿足　債主寃怨願消除
二種資糧願悉圓　二障習氣願清淨
殊勝二身願得證　以此廣大佈施之效力
利益眾生願自成正覺　往昔佛前未得解脫眾
願此佈施悉令得解脫　於此任何部多遊行者
居地抑或遊空亦堪宜　于諸群生恒常行慈愍
亦願晝夜均行於正法

以此善諸士　圓福慧資糧　由福慧所生　二勝身願證
無染劬勞倦　牟尼如意樹　悉滿眾生願　願如願吉祥。

資料取自:佛教大日網

【速急、方便而又積聚巨大功德資糧福因的妙法-布施螞蟻】

布施者以慈悲心念誦六字大明咒等加持食物，
並開示這些螞蟻以善悅的心情皈依三寶，發菩提心。
同時將食物撒給螞蟻。
<功德>

長期佈施給一隻螞蟻的功德等同於念誦一百遍《賢劫經》；
長期佈施十隻螞蟻的功德等同於念誦一遍《大藏經》；
長期佈施一千隻螞蟻的功德等同於念誦十遍《大藏經》；

長期佈施給最大蟻巢的功德等同於佈施三千萬平常人；
長期佈施給中等蟻巢的功德等同於佈施一千萬平常人；
長期佈施給小螞蟻巢的功德等同於佈施同數量人或畜類功德的七倍，或等同於長期護養一千個乞丐之功德；

常佈施一千隻螞蟻會得到共同悉地，世間神通；將是施者成為三千大千世界的轉輪王。 經常佈施螞蟻將成就觀世音菩薩同等的慈悲心，一切壽障都將消除，一切違緣障礙將會消滅，人與人之間有八字相沖，屬相不合者，都會調和；

自己和眷屬的惡夢、惡相通過慈悲的佈施螞蟻作回向也會消滅，一切萬事將會順利興盛；若有亡者成為厲鬼，有在世善人為其做功德佈施蟻群，等同於在佛殿中供長明燈，或供養寺廟以佛像、經書與佛塔之功德；

家中若有魔類鬼眾困擾，不祥等事，經過做這樣的佈施，功德回向眾生，發吉祥願，一切不順、不吉之事悉皆得以平息；報父母養育之恩的善行功德與果報很大，報善知識之恩的功德也很大，不過長期佈施這一善舉的功德更大，此亦即得到暇滿人身的善因。

<施食後念回向文>

以此廣大佈施力，願諸眾生自成佛，過去如來未度者，有此供施願得脫！此福已得一切智，摧伏一切過患敵，生老病死猶波濤，願度苦海諸有情。
布施行法和行法施食：

布施給螞蟻的糌粑要清淨無染，應裝入潔淨的木、陶等器具，而不可盛裝在鐵、銅等器皿中，以防螞蟻食用後中毒。

由於前世偷盜與搶劫的惡業，尤其是搶劫僧眾的財物，使螞蟻有食用酒類、牛奶和酸奶便中毒斃命的果報，因此，布施的食物中不能沾有糖、酸奶、牛奶和血肉油脂。

布施時間：布施螞蟻的最佳時間是每年四月到六月（博歷的四月初一到十五是億變月，一切善惡業都會成億倍增長。）

夏至那天則不能布施，否則善業會轉成惡業。因為會導致螞蟻死亡，所以要注意布施時間。

行法施者：行此善法者，最上品為發大菩提心的比丘；次之為不食酒肉蔥蒜之人，並要於行法前刷牙、漱口、洗淨雙手。同伴行施者中不能有屠夫或殺人者，背叛佛法者更不能參與。

布施者以慈悲心念誦六字大明咒等加持食物，並開示這些螞蟻以善悅的心情皈依三寶，發菩提心。同時將食物撒給螞蟻。

因螞蟻會在來年同一時間、地點等待施捨，布施完成念經回向後應告知它們由於種種外緣，實在無法保證以後或明年的同一時間再來做同樣的布施。

注意事項：作布施螞蟻用的糌粑如果自己食用，或給他人取食，都會有墮入餓鬼道的因果，比搶用供養僧眾財物的惡業更大，將多生累劫成為口吐烈焰的餓鬼，緊戒緊戒！同時，布施時應注意不讓其它動物傷害到蟻群。

供螞蟻窩步驟是：

1：先準備五穀雜糧粉(1 包)
2：找蟻窩
3：唸：四皈依(皈依上師、皈依佛、皈依法、皈依僧）
4：發心:（諸佛正法聖僧眾/直至菩提我皈依/以我佈施等功德/為利眾生/願成佛）
5：四無量:（1.願一切有情具樂及樂因/2.願一切有情離苦及苦因/3.願一切有情不離無苦之妙樂/4.願一切有情遠離怨親愛憎---住大平等）（三遍）
6：南無多寶如來　南無寶勝如來　南無妙色身如來　南無廣博身如來　南無離怖畏如來　南無甘露王如來　南無阿彌陀如來
(念 3 遍)
加持供品
法性清淨印：**嗡梭拔哇　咻達沙哇達爾麻　梭拔哇　咻多杭**
淨治不淨垢染化空　三遍

虛空藏手印：**那嘛沙哇大他嘎大 拔尤比秀木給貝 沙哇他康屋嘎喋 薩帕囉那伊芒葛葛那康梭哈**

各契心意受用周遍虛空　三遍

甘露合掌手印：**嗡班箚阿密大衮紮利 哈那哈那吽呸**

成能息諸苦甘露海　三遍

具力光印：**嗡 那嘛沙哇 大他嘎大 阿瓦羅吉迭 嗡 桑巴拉桑巴拉吽** 成供施受用無窮盡　三遍

智慧流星印：**嗡 嘉那阿哇洛吉迭 拿麼薩門達 羅密八瓦薩瑪雅 瑪哈瑪尼 都魯都魯 舍達呀 捉拉那吽**

聖眾歡喜諸賓厭足　三遍

權攝輪印：**拿嘛杉門大 布達南 箚嘿咻帕羅 跋呀雜由第尼瑪哈薩瑪呀梭哈**

7、南無大慈大悲廣大靈感救苦救難觀世音菩薩摩訶薩。（三次）
六字真言:嗡瑪尼唄咩吽!（三次）

8、開始佈施螞蟻（佈施螞蟻過程六字真言不要斷喔！）。

9、佈施完後廻向：願意此佈施螞蟻的功德廻向給某某人為首的所有眾生，清償他們累世所欠下的錢債，命債，情債。
（如果用圖博文發音就不用了，中文需要再加進去。）
最後再回向：
以此廣大布施力，願諸眾生自成佛，
過去如來未度者，有此供施願得脫，
此福已得一切智，摧伏一切過患敵，
生老病死猶波濤，願度苦海諸有情。

10、今天得到我佈施的所有螞蟻菩薩，請你們不要等我明年這個時候再來佈施，因為我不一定有時間再來。（如果有空，我會來）。（要說三次很重要。因為螞蟻會記住我們佈施時間，明年這個時候會再等。所以不能讓它們有執念再起瞋心。）

法典釋義

Chapter 3

༄༅། །ཀུན་བཟང་རྫོགས་པ་ཆེན་པོའི་སྨོན་ལམ་སྟོབས་ཆེན་བཞུགས།།

大圓滿普賢如來強願偈

ཧོ།
吙!

སྣང་སྲིད་འཁོར་འདས་ཐམས་ཅད་ཀུན༔ གཞི་གཅིག་ལམ་གཉིས་འབྲས་བུ་གཉིས༔
現有輪涅皆，一基二道果。

རིག་དང་མ་རིག་ཆོ་འཕྲུལ་ཏེ༔ ཀུན་ཏུ་བཟང་པོའི་སྨོན་ལམ་གྱིས༔
無明覺幻現，普賢發願故，

ཐམས་ཅད་ཆོས་དབྱིངས་པོ་བྲང་དུ༔ མངོན་པར་རྫོགས་ཏེ་འཚང་རྒྱ་ཤོག༔
願諸眾有情，法界中成佛。

ཀུན་གྱི་གཞི་ནི་འདུས་མ་བྱས༔ རང་བྱུང་ཀློང་ཡངས་བརྗོད་དུ་མེད༔
本基無為法，元成不可說，

འཁོར་འདས་གཉིས་ཀའི་མིང་མེད་དོ༔ དེ་ཉིད་རིག་ན་སངས་རྒྱས་ཏེ༔
無有輪涅名，明此即成佛，

མ་རིག་སེམས་ཅན་འཁོར་བར་འཁྱམས༔ ཁམས་གསུམ་སེམས་ཅན་ཐམས་ཅད་ཀྱིས༔
不明輪回轉，願諸眾有情，

བརྗོད་མེད་གཞི་དོན་རིག་པར་ཤོག༔ ཀུན་ཏུ་བཟང་པོ་ང་ཉིད་ཀྱང་༔
明了無說義。普賢我亦然，

རྒྱུ་རྐྱེན་མེད་པ་གཞི་ཡི་དོན༔ དེ་ཉིད་གཞི་ལས་རང་བྱུང་རིག༔
無因緣基義，由基任運證，

ཕྱི་ནང་སྒྲོ་སྐུར་སྐྱོན་མ་བཏགས༔ དྲན་མེད་མུན་པའི་སྒྲིབ་མ་གོས༔
增減無作而，無念暗垢離，

དེ་ཕྱིར་རང་སྣང་སྐྱོན་མ་གོས༔ རང་རིག་སོ་ལ་གནས་པ་ལ༔
故自現無過。本覺赤裸故，

སྲིད་གསུམ་འཇིག་ཀྱང་དངངས་སྐྲག་མེད༔ སྣང་སེམས་གཉིས་སུ་མེད་པ་ལ༔
有毀亦無畏；境心無二故，

འདོད་ཡོན་ལྔ་ལ་ཆགས་པ་མེད༔ རྟོག་མེད་ཤེས་པ་རང་བྱུང་ལ༔
不貪五妙欲；無別本智故，
གདོས་པའི་གཟུགས་དང་དུག་ལྔ་མེད༔ རིག་པའི་གསལ་ཆ་མ་འགགས་པ༔
無色及五毒；覺明未滅故，
ངོ་བོ་གཅིག་ལ་ཡེ་ཤེས་ལྔ༔ ཡེ་ཤེས་ལྔ་པོ་སྨིན་པ་ལས༔
一體具五智；五智成熟故，
ཐོག་མའི་སངས་རྒྱས་རིགས་ལྔ་བྱུང་༔ དེ་ལས་ཡེ་ཤེས་མཐའ་རྒྱས་པས༔
五部佛陀現；此智增廣故，
སངས་རྒྱས་བཞི་བཅུ་རྩ་གཉིས་བྱུང་༔ ཡེ་ཤེས་ལྔ་ཡི་རྩལ་ཤར་བས༔
四十二佛現；五智力升故，
ཁྲག་འཐུང་དྲུག་ཅུ་ཐམ་པ་བྱུང་༔ དེ་ཕྱིར་གཞི་རིག་འཁྲུལ་མ་མྱོང་༔
六十飲血現，故基覺無迷。
ཐོག་མའི་སངས་རྒྱས་ང་ཡིན་པས༔ ང་ཡི་སྨོན་ལམ་བཏབ་པ་ཡིས༔
我即本初佛，由我發願故，
ཁམས་གསུམ་འཁོར་བའི་སེམས་ཅན་གྱིས༔ རང་བྱུང་རིག་པ་ངོ་ཤེས་ནས༔
三界諸有情，證得自然智，
ཡེ་ཤེས་ཆེན་པོ་མཐའ་རྒྱས་ཤོག༔ ང་ཡི་སྤྲུལ་པ་རྒྱུན་མི་ཆད༔
大智願周遍。我化身無間
བྱེ་བ་ཕྲག་བརྒྱ་བསམ་ཡས་འགྱེད༔ གང་ལ་གང་འདུལ་སྣ་ཚོགས་སྟོན༔
百俱胝化現，應機隨缘顯，
ང་ཡི་ཐུགས་རྗེའི་སྨོན་ལམ་གྱིས༔ ཁམས་གསུམ་འཁོར་བའི་སེམས་ཅན་ཀུན༔
由我悲願力，三界諸有情，
རིགས་དྲུག་གནས་ནས་འབྱོན་པར་ཤོག༔ དང་པོ་སེམས་ཅན་འཁྲུལ་བ་རྣམས༔
願解脫六趣。初眾迷惑咸，
གཞི་ལ་རིག་པ་མ་ཤར་བས༔ ཅི་ཡང་དྲན་མེད་ཐོམ་མེ་བ༔
基覺無生故，無所念昏昧，
དེ་ཀ་མ་རིག་འཁྲུལ་པའི་རྒྱུ༔ དེ་ལ་ཧད་ཀྱིས་བརྒྱལ་བ་ལས༔
即無明惑因，愕然昏迷中，

དངངས་སྐྲག་ཤེས་པ་ཟ་ཟིར་འགྱུས༔ དེ་ལས་བདག་གཞན་དགྲར་འཛིན་སྐྱེས༔
怖念朦朧起，自他嗔生執，

བག་ཆགས་རིམ་གྱིས་བརྟས་པ་ལས༔ འཁོར་བ་ལུགས་སུ་འཇུག་པ་བྱུང༔
習氣漸增故，輪回流轉生，

དེ་ལས་ཉོན་མོངས་དུག་ལྔ་རྒྱས༔ དུག་ལྔའི་ལས་ལ་རྒྱུན་ཆད་མེད༔
五毒煩惱盛，五毒業無間，

དེ་ཕྱིར་སེམས་ཅན་འཁྲུལ་བའི་གཞི༔ དྲན་མེད་མ་རིག་ཡིན་པའི་ཕྱིར༔
眾生迷亂基，即無念痴故，

སངས་རྒྱས་ང་ཡི་སྨོན་ལམ་གྱིས༔ ཀུན་གྱིས་རིག་པ་རང་ཤེས་ཤོག༔
由我佛發願，悉皆證本覺。

ལྷན་ཅིག་སྐྱེས་པའི་མ་རིག་པ༔ ཤེས་པ་དྲན་མེད་ཡེངས་པ་ཡིན༔
謂俱生無明，即無念呆愣；

ཀུན་ཏུ་བརྟགས་པའི་མ་རིག་པ༔ བདག་གཞན་གཉིས་སུ་འཛིན་པ་ཡིན༔
謂遍計無明，即自他二執，

ལྷན་སྐྱེས་ཀུན་བརྟགས་མ་རིག་གཉིས༔ སེམས་ཅན་ཀུན་གྱི་འཁྲུལ་གཞི་ཡིན༔
俱遍二無明，諸眾迷惑基，

སངས་རྒྱས་ང་ཡི་སྨོན་ལམ་གྱིས༔ འཁོར་བའི་སེམས་ཅན་ཐམས་ཅད་ཀྱི༔
由我佛發願，輪回諸眾生，

དྲན་མེད་འཐིབས་པའི་མུན་པ་སངས༔ གཉིས་སུ་འཛིན་པའི་ཤེས་པ་དྭངས༔
無念黑暗消，二執得清淨，

རིག་པའི་རང་ངོ་ཤེས་པར་ཤོག༔ གཉིས་འཛིན་བློ་ནི་ཐེ་ཚོམ་སྟེ༔
願證本来面；二執即疑惑，

ཞེན་པ་ཕྲ་མོ་སྐྱེས་པ་ལས༔ བག་ཆགས་འཐུག་པོ་རིམ་གྱིས་བརྟས༔
由微貪著中，濃習漸增長，

ཟས་ནོར་གོས་དང་གནས་དང་གྲོགས༔ འདོད་ཡོན་ལྔ་དང་བྱམས་པའི་གཉེན༔
食財處衣友，五欲及親眷，

ཡིད་འོང་ཆགས་པའི་འདོད་པས་གདུངས༔ དེ་དག་འཇིག་རྟེན་འཁྲུལ་བ་སྟེ༔
悦意貪所逼，此即世間迷，

གཟུང་འཛིན་ལས་ལ་ཟད་མཐའ་མེད༔ ཞེན་པའི་འབྲས་བུ་སྨིན་པའི་ཚེ༔
二取業無盡，貪果成熟時，
སྐམ་ཆགས་གདུང་བའི་ཡི་དྭགས་སུ༔ སྐྱེས་ནས་བཀྲེས་སྐོམ་ཡ་རེ་ང་༔
吝逼惡鬼中，生受飢渴苦，
སངས་རྒྱས་ང་ཡི་སྨོན་ལམ་གྱིས༔ འདོད་ཆགས་ཞེན་པའི་སེམས་ཅན་རྣམས༔
由我佛發願，貪心諸有情，
འདོད་པའི་གདུང་བ་ཕྱིར་མ་སྤངས༔ འདོད་ཆགས་ཞེན་པ་ཚུར་མ་བླངས༔
外欲苦勿舍，內貪執勿取，
ཤེས་པ་རང་སོར་གློད་པ་ཡིས༔ རིག་པ་རང་སོ་ཟིན་གྱུར་ནས༔
心坦然住故，覺性赤裸現，
ཀུན་རྟོག་ཡེ་ཤེས་ཐོབ་པར་ཤོག༔ ཕྱི་རོལ་ཡུལ་གྱི་སྣང་བ་ལ༔
願證妙關智；于外境顯現，
འཇིགས་སྐྲག་ཤེས་པ་ཕྲ་མོ་འགྱུས༔ སྡང་བའི་བག་ཆགས་བརྟས་པ་ལས༔
微細怖畏起，嗔習漸增故，
དགྲར་འཛིན་བརྡེག་གསོད་ཧྲག་པ་སྐྱེས༔ ཞེ་སྡང་འབྲས་བུ་སྨིན་པའི་ཚེ༔
執故害心生，嗔果成熟時，
དམྱལ་བའི་བཙོ་བསྲེག་སྡུག་རེ་བསྔལ༔ སངས་རྒྱས་ང་ཡི་སྨོན་ལམ་གྱིས༔
地獄煎熬苦，由我佛發願，
འགྲོ་དྲུག་སེམས་ཅན་ཐམས་ཅད་ཀྱི༔ ཞེ་སྡང་དྲག་པོ་སྐྱེས་པའི་ཚེ༔
六趣眾有情，嗔恚猛生時，
སྤང་བླང་མི་བྱ་རང་སོར་གློད༔ རིག་པ་རང་སོ་ཟིན་གྱུར་ནས༔
坦住勿取舍，覺性赤裸現，
གསལ་བའི་ཡེ་ཤེས་ཐོབ་པར་ཤོག༔ རང་སེམས་ཁེངས་པར་གྱུར་པ་ལས༔
願證圓境智；自心憍所致，
གཞན་ལ་འགྲན་སེམས་སྨད་པའི་བློ༔ ང་རྒྱལ་དྲག་པོའི་སེམས་བསྐྱེད་པས༔
於他競謗心，生起猛慢故，
བདག་གཞན་འཐབ་རྩོད་སྡུག་བསྔལ་སྤྱོད༔ ལས་དེའི་འབྲས་བུ་སྨིན་པའི་ཚེ༔
自他爭戰苦，彼業果熟時，

འཕོ་ལྟུང་སྤྱོད་པའི་ལྷ་རུ་སྐྱེ༔ སངས་རྒྱས་ང་ཡི་སྨོན་ལམ་གྱིས༔
生天受遷墮，由我佛發願，
ཁེངས་སེམས་སྐྱེས་པའི་སེམས་ཅན་རྣམས༔ དེ་ཚེ་ཤེས་པ་རང་སོར་གློད༔
慢心諸有情，爾時心坦住，
རིག་པ་རང་སོ་ཟིན་གྱུར་ནས༔ མཉམ་པ་ཉིད་ཀྱི་དོན་རྟོགས་ཤོག༔
覺性赤裸現，願證平等智；
གཉིས་འཛིན་བརྟས་པའི་བག་ཆགས་ཀྱིས༔ བདག་བསྟོད་གཞན་སྨོད་ཙུག་ཙུའི་ལས༔
二取增所致，自讚毀他業，
འཐབ་རྩོད་འགྲན་སེམས་བརྟས་པ་ལས༔ གསོད་གཅོད་ལྷ་མིན་གནས་སུ་སྐྱེ༔
競鬥心增故，殘殺非天生，
འབྲས་བུ་དམྱལ་བའི་གནས་སུ་ལྟུང་༔ སངས་རྒྱས་ང་ཡི་སྨོན་ལམ་གྱིས༔
果墮地獄處，由我佛發願，
འགྲན་སེམས་འཐབ་རྩོད་སྐྱེས་པ་རྣམས༔ དགྲར་འཛིན་མི་བྱ་རང་སོར་གློད༔
競鬥諸有情，勿敵執坦住，
ཤེས་པ་རང་སོ་ཟིན་གྱུར་ནས༔ ཕྲིན་ལས་ཐོགས་མེད་ཡེ་ཤེས་ཤོག༔
覺性赤裸現，願證成作智。
དྲན་མེད་བཏང་སྙོམས་ཡེངས་པ་ལས༔ འཐིབས་དང་རྨུགས་དང་བརྗེད་པ་དང་༔
無念呆住故，昏沉及忘失，
བརྒྱལ་དང་ལེ་ལོ་གཏི་མུག་པས༔ འབྲས་བུ་སྐྱབས་མེད་བྱོལ་སོང་འཁྱམས༔
悶絕怠痴故，無依畜中生，
སངས་རྒྱས་ང་ཡི་སྨོན་ལམ་གྱིས༔ གཏི་མུག་བྱིང་བའི་མུན་པ་ལ༔
由我佛發願，痴心昏暗中，
དྲན་པ་གསལ་བའི་མདངས་ཤར་བས༔ རྟོག་མེད་ཡེ་ཤེས་ཐོབ་པར་ཤོག༔
正念朗然生，願證體性智。
ཁམས་གསུམ་སེམས་ཅན་ཐམས་ཅད་ཀུན༔ ཀུན་གཞི་སངས་རྒྱས་ང་དང་མཉམ༔
三界諸有情，普基佛我等，
དྲན་མེད་འཁྲུལ་བའི་གཞི་རུ་སོང་༔ ད་ལྟ་དོན་མེད་ལས་ལ་སྤྱོད༔
迷基中趣入，今造無義業，

ལས་དྲུག་སྐྱེ་ལམ་འཁྲུལ་པ་འདྲ༔ ང་ཉི་སངས་རྒྱས་ཐོག་མ་ཡིན༔
六趣如迷夢，我即本初佛，
འགྲོ་དྲུག་སྤྲུལ་བས་འདུལ་བའི་ཕྱིར༔ ཀུན་ཏུ་བཟང་བོའི་སྨོན་ལམ་གྱིས༔
為化六趣眾，以普賢大願，
སེམས་ཅན་ཐམས་ཅད་མ་ལུས་པ༔ ཆོས་ཀྱི་དབྱིངས་སུ་འཚང་རྒྱ་ཤོག༔
一切眾有情，法界中成佛。

ཨ་ཧོ༔
阿吙！

ཕྱིན་ཆད་རྣལ་འབྱོར་སྟོབས་ཅན་གྱིས༔ འཁྲུལ་མེད་རིག་པ་རང་གསལ་ནས༔
爾后瑜伽者，覺心明境中，
སྨོན་ལམ་སྟོབས་ཅན་འདི་བཏབ་པས༔ འདི་ཐོས་སེམས་ཅན་ཐམས་ཅད་ཀུན༔
發起此願故，聞此諸眾生，
སྐྱེ་བ་གསུམ་ནས་མངོན་འཚང་རྒྱ༔ ཉི་ཟླ་གཟའ་ཡིས་ཟིན་པ་འམ༔
三生即成佛。或于日月蝕，
སྒྲ་དང་ས་གཡོས་བྱུང་བ་འམ༔ ཉི་མ་ལྡོག་འགྱུར་ལོ་འཕོ་དུས༔
或地震雷鳴，冬夏至年節，
རང་ཉིད་ཀུན་ཏུ་བཟང་པོར་བསྐྱེད༔ ཀུན་གྱིས་ཐོས་པར་འདི་བརྗོད་ན༔
自官普賢王，悉聞而奉誦，
ཁམས་གསུམ་སེམས་ཅན་ཐམས་ཅད་ཀུན༔ རྣལ་འབྱོར་དེ་ཡི་སྨོན་ལམ་གྱིས༔
三界諸有情，由我瑜伽願，
སྡུག་བསྔལ་རིམ་གྱིས་གྲོལ་ནས་ཀྱང༔ མཐའ་རུ་སངས་རྒྱས་ཐོབ་པར་ཤོག༔
痛苦漸解脫，究竟願成佛。

普賢王如來發願偈十分殊勝，聞得此偈之眾生三世之內一定能成佛，在圖博地區寧瑪派之大成就者們幾千年以來以此發願偈來做為傳承一直至今。

2016/11/01 在台灣台東市卑南族公主阿瑪彌南彌妲妲曾經邀請來自雪域圖博熱貢文源殊城之前國會議員德格爾，舉辦以都蘭山連結喜馬拉雅山共振兩座聖山之高頻能量之祈福法會。以兩座聖山的能量開啟世界和平，喚醒世界人類最初原來的天性，共振共達共啟和平的智慧與慈悲。
德格爾夫婦感謝所有的連結因緣，特以此普賢王如來發願偈結緣眾生，祝福台灣風調雨順國泰民安。
感恩台灣對圖博的支持與認同，並也同時祝福所有圖博人能夠早日歸回自己的家鄉。

敬請於農曆(或博曆)之初一’八’十’十五’三十’念誦，特為殊勝，功德無量!
札希德勒　德格爾 才仁 與仁真 卓格爾 敬上

གདུགས་དཀར་ཚེ་རིང་དང་རིག་འཛིན་སྒྲོལ་དཀར་ཟུང་གིས།
བཀྲ་ཤིས་བདེ་ལེགས་བཅས། བོད་རྒྱལ་ལོ་ ༢༡༤༣ རབ་གནས་མི་སྨྲིལ།
སྤྱི་ལོ་ ༢༠༡༦ ཟླ་༡༡ ཚེས་ ༡ ཉིན་ཕུལ།

༄༅། །བདེ་ཆེན་ཆོས་གླིང་གི་རྡོ་རྗེ་ཐེག་པའི་རིག་འཛིན་
སྔགས་པའི་ཉིན་རེའི་ཞལ་འདོན་བསྡུས་པ་བཞུགས་སོ། །

德真佛堂金剛乘持明修密士每日簡易功課

吉祥如意

一些法需要口傳或灌頂方能修，主要原因如下：

一、密宗是所有佛法的精髓，因此在許多情況下需要保密，不能公開，需由具德上師傳授教法。

二、密宗的許多教法必須依靠慈悲、智慧和傳承的加持，方能成就。即使具備慈悲和智慧，若無傳承的加持，再怎麼修，也是不會成就的。

如果你不是密宗的弟子，而隨意地閱讀密宗法門的書或修一些法門，這也等同於不尊重佛法的精髓。下次即使有機會參加灌頂，修密法，因之前不尊重佛法精髓的關係，也是得不到傳承的加持，無法成就的。因此，如果真想修密法，必須向具德上師求口傳和灌頂。

因此，依照上述兩個觀點，一般人不能輕易或隨意地修密宗的法門。如果沒有得到口傳或灌頂而修法，就等於破了密法的戒。破戒的業障是十分嚴重的，不可忽視。必須具備以上兩個條件，才能在修行上有所成就。

翻書前特別叮嚀：此法本中只有以下三項咒語不需要口傳就可以修行其他都需要上師口傳

༄༅། །སྤྱན་རས་གཟིགས་ཀྱི་སྙིང་པོ་ཡི་གེ་དྲུག་མའི་གཟུངས་བཞུགས་སོ།། 觀世音菩薩《六字大明咒》

༄༅། །མགོན་པོ་འོད་དཔག་མེད་ཀྱི་སྒྲུབ་ཐབས་བདེ་ཆེན་སྦྱུར་ལམ་བཞུགས་སོ།། 阿彌陀佛的修法淨土捷徑

༄༅། །འཕགས་པ་ས་ཡི་སྙིང་པོའི་གཟུངས་བཞུགས་སོ།། 地藏王菩薩心咒

如果需要口傳者可以上

https://reurl.cc/zegzrk（或 QR code）

連結德徐真有德格爾老師相關於法本裡的口傳直播

另外提示：法本裡有綠色讀音文字請以台語發音，如〝娥〞〝謝〞〝酒〞〝雀〞等發音文字。

༄༅།།འགྱུར་སྔགས་ནི།
加倍咒

ༀ་སམྦྷ་ར་སམྦྷ་ར་བི་མ་ན་ས་ར་མ་ཧཱ་ཛ་མ་ཛྷ་བ་ཧཱུྃ་ཕཊ་སྭཱ་ཧཱ། ལན་གསུམ།
嗡 桑木巴日阿 桑木巴日阿 畢瑪那薩日阿 瑪哈匝木巴瓦 弘沛 梭哈 三遍

ངག་བྱིན་བརླབ་བྱ་བ་ནི།
語加持

ལྕེ་དབང་རྃ་ཡིག་ལས་བྱུང་མེས་བསྲེགས་ནས། ། འོད་དམར་རྣམ་པའི་རྡོ་རྗེ་རྩེ་གསུམ་སྤྲས།།
讓木 (རྃ)字燃燒舌根後 紅光三股金剛杵心間

ཨཱ་ལི་ཀཱ་ལིའི་མཐའ་ལ་བསྐོར་རྟེན་འབྲེལ་སྙིང་། ། མུ་ཏིག་ཕྲེང་བ་ལྟ་བུའི་ཡིག་འབྲུ་ལས།།
啊哩嘎哩緣起咒 如同珠鬘圍繞處

འོད་འཕྲོས་རྒྱལ་བ་སྲས་བཅས་མཆོད་པས་མཉེས། །སླར་འདུས་དག་སྒྲིབ་ངག་ནས་གསུང་རྡོ་རྗེའི།།
放光供佛及佛子 複收淨言語金剛

བྱིན་རླབས་དངོས་གྲུབ་ཐམས་ཅད་ཐོབ་པར་བསམ།།
得諸悉諦加持觀

ༀ་ ཨ་ཨཱ། ཨི་ཨཱི། ཨུ་ཨཱུ། རི་རཱྀ། ལི་ལཱྀ། ཨེ་ཨཻ། ཨོ་ཨཽ། ཨཾ་ཨཿ།
嗡 啊啊 益益 屋屋 日日 歷歷 哎哎 哦哦 昂啊（白光七遍向右繞轉）

ཀ་ཁ་ག་གྷ་ང་། ཙ་ཚ་ཛ་ཛྷ་ཉ། ཊ་ཋ་ཌ་ཌྷ་ཎ། ཏ་ཐ་ད་དྷ་ན།
嘎喀嘎 嘎 俄阿 咱擦 咱咱 釀阿 紮叉乍 乍那 打他達答哪

པ་ཕ་བ་བྷ་མ། ཡ་ར་ལ་ཝ། ཤ་ཥ་ས་ཧ་ཀྵཿ།
把帕瓦 罷瑪 雅日阿 拉瓦 夏喀 薩哈恰（紅光七遍向左繞轉）

ཡེ་དྷརྨཱ་ཧེ་ཏུ་པྲ་བྷ་ཝཱ་ཧེ་ཏུནྟེ་ཥཱན་ཏ་ཐཱ་ག་ཏོ་ཧྱ་ཝ་དཏ།
耶打兒瑪 嘿杜 巴兒巴瓦 嘿敦 代坎 達塔 嘎多 哈雅瓦待

ཏེ་ཥཱཉྩ་ཡོ་ནི་རོ་དྷ་ཨེ་ཝཾ་བཱ་དཱི་མ་ཧཱ་ཤྲ་མ་ཎཿ་སྭཱ་ཧཱ། ལན་བདུན་གྱིས་བརླབས་སོ།
德肯 雜約呢 若達 唉汪木 巴德 瑪哈夏兒瑪 那 嗦哈（藍光向右繞轉以七遍作加持）

སྐྱབས་འགྲོ་ནི།
四皈依

བླ་མ་ལ་སྐྱབས་སུ་མཆིའོ།།
皈依上師
喇嘛拉 駕布速 齊 哦,

སངས་རྒྱས་ལ་སྐྱབས་སུ་མཆིའོ།།
皈依佛
桑結拉 駕布速 齊 哦

ཆོས་ལ་སྐྱབས་སུ་མཆིའོ།།
皈依法
確拉 駕布速 齊 哦,

དགེ་འདུན་ལ་སྐྱབས་སུ་མཆིའོ།།
皈依僧
給敦拉 駕布速 齊 哦 （3 遍）

སེམས་བསྐྱེད་ནི།

發菩提心

སངས་རྒྱས་ཆོས་དང་ཚོགས་ཀྱི་མཆོག་རྣམས་ལ།།	བྱང་ཆུབ་བར་དུ་བདག་ནི་སྐྱབས་སུ་མཆི།།
諸佛正法聖僧眾	直至菩提我皈依
桑結 確當 措季 秋南木拉,	祥秋布 瓦爾度 達尼 駕布速 齊

བདག་གིས་སྦྱིན་སོགས་བགྱིས་པའི་བསོད་ནམས་ཀྱིས།།	འགྲོ་ལ་ཕན་ཕྱིར་སངས་རྒྱས་འགྲུབ་པར་ཤོག །
以我佈施等功德	為利眾生願成佛
達給 晉嗽 吉貝 索南木季,	卓拉 盼希爾 桑結 珠巴爾秀喀（3 遍）

ཚད་མེད་བཞི་ནི།

發四無量願

སེམས་ཅན་ཐམས་ཅད་བདེ་བ་དང་བདེ་བའི་རྒྱུ་དང་ལྡན་པར་གྱུར་ཅིག །

願一切有情具樂及樂因

謝木間 它木傑的 得瓦當 得維 具當 丹巴爾 就爾吉

སེམས་ཅན་ཐམས་ཅད་སྡུག་བསྔལ་དང་སྡུག་བསྔལ་གྱི་རྒྱུ་དང་བྲལ་བར་གྱུར་ཅིག །

願一切有情離苦及苦因

謝木間 它木傑的 杜夾(台)當 杜夾(台)吉 具當 賊了威爾 就爾吉

སེམས་ཅན་ཐམས་ཅད་སྡུག་བསྔལ་མེད་པའི་བདེ་བ་དང་མི་འབྲལ་བར་གྱུར་ཅིག །

願一切有情不離無苦之妙樂

謝木間 它木傑的 杜夾(台) 咩貝 得瓦當 米紮了瓦爾 就爾吉

སེམས་ཅན་ཐམས་ཅད་ཉེ་རིང་ཆགས་སྡང་དང་བྲལ་བའི་བཏང་སྙོམས་ལ་གནས་པར་ གྱུར་ཅིག །

願一切有情遠離怨親愛憎 住大平等

謝木間 它木傑的 聶仁 恰當 當 賊了威 當拗木啦 涅芭阿爾 就爾吉（3 遍）

蓮師簡介

在我們所在的這個時劫，將有千佛出世；同樣地，也會有千位至寶上師來成就其事業。在目前釋迦牟尼佛的時代裡，有位上師尊號稱蓮花生大士。這偉大的上師是阿彌陀佛與釋迦牟尼佛的共同化身，他的化現是為了調伏凡夫與難纏的鬼神。蓮師於西元 810 年被圖博國王赤松.德真迎請入圖博，在這段時間裡，除了將當地所有的佛經、密續典籍和大部分論典都譯成圖博文，還為許多具緣弟子傳授內密三部的其他無數甚深不共法教。

在離開圖博之前，蓮師留下許多授記並埋藏了諸多法教，以便後世取藏。他加持親近的弟子，使其與他無二無別，能在未來的轉世中取出伏藏法教。伏藏法教直接來自蓮師，透過其弟子未來轉世而取出之，然後直接修習，流傳開來。

吽
在那鄔金國的西北隅上
於蓮莖蓮花蓮蕊上
係獲致聖妙無上之成就
並以蓮花生聞名
眾空行母環繞著係
我們追隨係的步履來修行
我們祈請係降臨並賜予加持
咕嚕貝瑪悉諦吽

༄། །བཅོམ་ལྡན་འདས་རྡོ་རྗེ་སེམས་དཔའི་གཟུངས་སྔགས་བཞུགས་སོ། །

《金剛薩埵心咒》《百字明咒》

༄༅། །བླ་མ་དང་བཅོམ་ལྡན་འདས་རྡོ་རྗེ་སེམས་དཔའ་ལ་ཕྱག་འཚལ་ལོ། །
頂禮 上師金剛薩埵
喇嘛當 炯木但代 多傑 謝木華 啦 夏喀擦羅*3

ཨོཾ་བཛྲ་ས་ཏྭ་ཧཱུྃ 嗡班紮 薩埵吽（108 遍）

金剛薩埵百字明咒

ཨོཾ་བཛྲ་སཏྭ་ ས་མ་ཡ་ མ་ནུ་པཱ་ལ་ཡ༔ བཛྲ་སཏྭ་ཏེ་ནོ་པ་ཏིཥྛ༔ དྲི་ཌྷོ་མེ་བྷ་ཝ༔
嗡班紮日 薩埵 薩瑪雅 瑪努 巴拉雅 班紮日 薩埵帝諾巴 地剎 知卓美巴瓦

སུ་ཏོ་ཥྱོ་མེ་བྷ་ཝ༔ སུ་པོ་ཥྱོ་མེ་བྷ་ཝ༔ ཨ་ནུ་རཀྟོ་མེ་བྷ་ཝ༔ སརྦ་སིདྡྷི་མྨེ་པྲ་ཡ་ཙྪ༔
蘇埵喀約美巴瓦 蘇波喀約美巴瓦 阿努熱多美巴瓦 薩日瓦悉地美 巴兒雅紮

སརྦ་ཀརྨ་སུ་ཙ་མེ༔ ཙིཏྟཾ་ཤྲཱི་ཡཾ་ཀུ་རུ་ ཧཱུྃ༔ ཧ་ཧ་ཧ་ཧ་ཧོ༔ བྷ་ག་ཝཱན༔
薩兒瓦噶兒瑪 蘇紮美 資當木息日業木 古汝 吽 哈哈哈哈火 巴噶宛

སརྦ་ཏ་ཐཱ་ག་ཏ༔ བཛྲ་མཱ་མེ་མུཉྩ༔ བཛྲཱི་བྷ་ཝ༔ མ་ཧཱ་ས་མ་ཡ༔ སཏྭ་ཨཱ
薩兒瓦達塔噶達 班紮兒瑪米木匝 邊記巴哇 瑪哈薩瑪雅 薩埵阿

དགེ་བ་འདི་ཡིས་མྱུར་དུ་བདག །　རྡོ་རྗེ་སེམས་དཔའ་འགྲུབ་གྱུར་ནས། །
願以此功德　速成金剛薩埵
給瓦德意 紐爾杜大喀,　多傑 謝木華 珠布酒兒內

འགྲོ་བ་གཅིག་ཀྱང་མ་ལུས་པ། །　དེ་ཡི་ས་ལ་འགོད་པར་ཤོག །
一切有情眾生　順利得到其果位
桌瓦 激喀將 嘛錄巴　得｀意薩拉 果巴爾秀喀

༄།།སྤྱན་རས་གཟིགས་ཀྱི་སྙིང་པོ་ཡི་གེ་དྲུག་མའི་གཟུངས་བཞུགས་སོ།།

觀世音菩薩《六字大明咒》《十一面觀音大悲咒》

༄༅།།སྐྱོན་གྱིས་མ་གོས་སྐུ་མདོག་དཀར།།
觀音無瑕白淨身
捐吉 嘛貴 古朵 噶爾,

རྫོགས་སངས་རྒྱས་ཀྱིས་དབུ་ལ་བརྒྱན།།
阿彌陀佛頂上嚴
座桑 結吉 屋拉間

ཐུགས་རྗེ་སྤྱན་གྱིས་འགྲོ་ལ་གཟིགས།།
慈眼悲憫視眾生
圖傑 間吉 卓拉 斯克,

སྤྱན་རས་གཟིགས་ལ་གསོལ་བ་འདེབས།།
頂禮觀世音菩薩
間熱 斯克拉 梭了瓦得布

ཨོཾ་མ་ཎི་པདྨེ་ཧཱུྃ། 嗡瑪尼唄咩吽 （**108 遍**）

དགེ་བ་འདི་ཡིས་མྱུར་དུ་བདག །
願以此功德
蓋瓦 德意 拗爾 杜達喀

སྤྱན་རས་གཟིགས་དབང་འགྲུབ་གྱུར་ནས།།
速成觀世音菩薩
間熱 斯克旺 珠布酒兒內

འགྲོ་བ་གཅིག་ཀྱང་མ་ལུས་པ།།
一切有情眾生
桌瓦 激喀將 嘛錄巴

དེ་ཡི་ས་ལ་འགོད་པར་ཤོག །
順利得到其果位
得｀意薩拉 果巴爾秀喀

十四世達賴喇嘛丹曾佳措語錄 2018 年 10 月 30 日．
第一個根本：思索死亡是確定的
1．因為死亡一定會到來，因此無法避免；
2．因為我們的生命不能延伸，只是不停地減少；
3．因為就算我們活著，也少有時間修行。
第一個決定：我必須修行
第二個根本：思索死亡的時間是不確定的
4．因為我們在世上活著的時間不確定；
5．因為致死的因素很多，而續命的因素很少；
6．因為身體的脆弱性，死亡的時間不確定。
第二個決定：我必須現在就開始修行
第三個根本：思索臨終時除修行之外一切無助益
7．因為臨終時我們的朋友是無助益的；
8．因為臨終時我們的財富是無助益的；
9．因為臨終時我們的身體是無助益的。
第三個決定：我將修行不執著於此生任何美妙的事物
十四世 達賴喇嘛

༄༅།།ཐུགས་རྗེ་ཆེན་པོ་བཅུ་གཅིག་ཞལ་གྱི་གཟུངས་རིང་ངོ།

十一面觀世音菩薩大悲咒

ན་མོ་རཏྣ་ཏྲ་ཡཱ་ཡ།
南無熱納紮雅雅
頂禮皈依三寶

ན་མ་ཨཱརྱ་ཛྙཱ་ན་སཱ་ག་ར། བཻ་རོ་ཙ་ན། བྱཱུ་ཧ་རཱ་ཛཱ་ཡ། ཏ་ཐཱ་ག་ཏཱ་ཡ། ཨརྷ་ཏེ་སམྱཀྶཾ་བུདྡྷཱ་ཡ།
南瑪阿兒雅迦納　薩噶熱　貝若迦納　貝哈日阿迦雅　達塔噶大雅
阿兒哈代 薩母雅桑木　布達雅
禮敬皈依聖智海　光明遍照　莊嚴王如來　禮敬一切如來　應供　正遍知覺　頂禮皈依三寶
ན་མཿསརྦ་ཏ་ཐཱ་ག་ཏེ་བྷྱཿ　ཨརྷ་ཏེ་བྷྱཿ　སམྱཀྶཾ་བུདྡྷེ་བྷྱཿ　ན་མ་ཨཱརྱ་ཨ་ཝ་ལོ་ཀི་ཏེ་
南瑪薩兒瓦　達塔噶帶唄　阿兒哈帶貝　薩木雅桑木　布帶唄　南瑪　阿兒雅阿瓦羅格代
ཤྭ་རཱ་ཡ།　བོ་དྷི་སཏྭཱ་ཡ།　མ་ཧཱ་སཏྭཱ་ཡ།　མ་ཧཱ་ཀཱ་རུ་ཎི་ཀཱ་ཡ།
學日阿亞　菩提薩埵雅　嘛哈薩埵雅　嘛哈噶汝呢噶雅
禮敬皈依頂禮一切如來　應供　正遍知覺　禮敬聖觀自在菩薩摩訶薩大悲者。

ཏདྱ་ཐཱ།　ཨོཾ་དྷ་ར་དྷ་ར།　དྷི་རི་དྷི་རི།　དྷུ་རུ་དྷུ་རུ།
達雅塔　嗡　達日阿達日阿　帝日　帝日　督汝　督汝
即說咒曰　嗡　護持　護持　安撫　安撫　穩固　穩固

ཨི་ཊེ་ཝ་ཊེ།　ཙ་ལེ་ཙ་ལེ།　པྲ་ཙ་ལེ་པྲ་ཙ་ལེ།　ཀུ་སུ་མེ་ཀུ་སུ་མ་ཝ་རེ།
依諦　威依諦　迦類迦類　布日阿迦類　布日阿迦類　　穀蘇美　穀蘇瑪　瓦熱
懇求　祈求　震動震動　遍震動　　遍震動　　盛開的花朵

ཨི་ལི་　མི་ལི　ཙི་ཏི་　ཛྭ་ལཱ་　ཨ་པ་ན་ཡེ་སྭཱཧཱ།
伊哩　彌哩　資諦　佐阿拉靡(Jala 木　apanaya)　阿巴　納業　娑哈
願求　利刃　戲劇　演示　智慧　羅網　遠離　圓滿成就

《寶釘遺教》
蓮師給予依喜.措嘉的建言
我，烏迪亞納的蓮花生上師
為了自身與他人的利益，以佛法訓練自己。
至金剛座之東，
我學習精通經藏法教。

到了南、西和北邊
我學習律典、阿毗達磨等法教集錄，
以及波羅蜜多法教。

在波絲達拉，我修習事部。
在烏迪亞納之域，我修習瑜伽部。
在沙河爾國，我修習密續的兩個部分。

在頻訶的地方，我修習普巴金剛。
在星哈國，我修習馬頭明王。
在瑪盧薩之地，我修習大威德金剛。
於金剛座，我修習甘露王。

父續和母續的四個部分，
包含密集續在內，
於頻訶之地，我修習這些法門而變得博學
從自身本然明覺之心，我學到了大圓滿。
我已了悟一切現象就如夢、如幻術一般。

在雪域圖博，我為眾生的利益而做廣大行。
在衰墮的時代，我將
利益眾生，
因此我埋藏了無數的伏藏珍寶，
這些教法將會與因緣註定者相遇。

所有與這些伏藏有因緣的具福者，
請你們履行蓮花生的指令吧!

蓮師如是說

༄༅།། རྗེ་བཙུན་སྒྲོལ་མའི་གཟུངས་བཞུགས་སོ།།

綠度母心咒

༄༅།།པོ་ཏ་ལ་ཡི་གནས་མཆོག་ནས།།
布達拉之勝境內
布達喇意 內雀喀內

ཏཱཾ་ཡིག་ལྗང་ཁུ་ལས་འབྱུངས་ཤིང་།།
生起綠色" ཏཱཾ 噹木"種字
達木意喀 降庫 來充興

ཏཱཾ་ཡིག་འོད་ཀྱིས་འགྲོ་བ་སྒྲོལ།།
" ཏཱཾ 噹"字放光救眾生
達木意喀 握及 卓哇卓了

སྒྲོལ་མ་ཡུམ་ལ་ཕྱག་འཚལ་ལོ།།
祈請度母同眷臨
卓瑪 勇木拉 夏喀擦了羅

ཨོཾ་ཏཱ་རེ་ཏུཏྟཱ་རེ་ཏུ་རེ་སྭཱཧཱ།
嗡達熱 杜達熱 度熱索哈 （108 遍）

སྔར་མཉམ་མེད་ཇོ་བོ་རྗེ་སྙེ་ཐང་དུ་བཞུགས་སྐབས། སྐུ་གཟུགས་བསྙུན་ནས་རྗེ་བཙུན་སྒྲོལ་མར་གསོལ་བ་བཏབ་པའི་ཚེ། རྗེ་བཙུན་སྒྲོལ་མས་ཉི་མ་གཅིག་ལ་སྒྲོལ་མའི་བསྟོད་པ་ཁྲི་གཅིག་སྨིན་སྒྲུབ་བྱོས། ཞེས་ལུང་བསྟན་པ་ན། ཇོ་བོས་ཉིན་གཅིག་ལ་མི་འགྱུར་བས་ཐབས་ཅི་ཞིག་འཚལ། ཞེས་ཞུས་པས་དེའི་ལན་དུ་གནང་བའི་སྒྲོལ་མ་བསྡུས་པ་བཞུགས་སོ།།

阿底峽尊者曾經在圖博聶堂地區弘法時生病了， 尊者請求度母幫助時，度母對尊者說 :你要在一天之內完成一萬遍的二十一度母誦，就可以痊癒。

但是尊者對度母說:一天之內無法完成。度母則回答:那我給你一個最簡短的度母誦，你務必要完成。尊者答應度母以後，就在一天內完成了一萬遍簡單的度母誦，果真痊癒。

所以這個由度母親自傳授的度母誦加持力強且迅速。

綠度母簡短誦

༄། །ན་མོ་ཨཱརྱ་ཏཱ་རེ་ཡ།

南無阿日雅達熱雅

ཨོཾ་བཅོམ་ལྡན་འདས་མ་ལྷ་མོ་སྒྲོལ་མ་ལ་ཕྱག་འཚལ་ལོ།།

嗡 炯木誕代瑪 喇母 卓瑪喇　夏喀擦了羅

ཕྱག་འཚལ་སྒྲོལ་མ་ཏཱ་རེ་དཔའ་མོ།།

夏擦了 卓了瑪 達熱 華母

ཏུཏྟཱ་ར་ཡིས་འཇིགས་ཀུན་སེལ་མ།།

度達日阿益　蹟滾　賽了瑪

ཏུ་རེས་དོན་རྣམས་ཐམས་ཅད་སྟེར་མ།།

度熱 敦南木 它木傑 代兒瑪

སྭཱ་ཧཱ་ཡི་གེ་བཅས་ལ་རབ་འདུད།།

梭哈 益給 傑拉 日阿布對

以下的度母誦也是阿底峽尊者在船上遇難時，尊者請求度母保佑所持誦的

度母救八難誦：

༄༅། །འཇིགས་པ་བརྒྱད་སྐྱོབ་མ་ལ་ཕྱག་འཚལ་ལོ། །
頂禮救苦八難度母
計巴 結就 瑪拉 夏喀擦了羅

བཀྲ་ཤིས་དཔལ་འབར་མ་ལ་ཕྱག་འཚལ་ལོ། །
頂禮吉祥光耀度母
紮西 華了巴兒 瑪拉 夏喀擦了羅

ངན་སོང་སྒོ་འགེགས་མ་ལ་ཕྱག་འཚལ་ལོ། །
頂禮堵擋惡趣度母
夾誦 果給 瑪拉 夏喀擦了羅

མཐོ་རིས་ལམ་འདྲེན་མ་ལ་ཕྱག་འཚལ་ལོ། །
頂禮引導善趣度母
妥熱益 喇木站 瑪拉 夏喀擦了羅

རྟག་ཏུ་ཁྱེད་ཀྱིས་སྐྱོངས་གྲོགས་མཛད། །
恒常有您怙佑助
達度 切忌 董卓在

ད་དུང་ཐུགས་རྗེས་བསྐྱབ་ཏུ་གསོལ། །
尚祈悲心垂救怙
達動 圖結 加布度所了

རྗེ་བཙུན་འཕགས་མ་སྒྲོལ་མ་ཁྱེད་མཁྱེན་ནོ།།
聖尊度母垂加護
傑尊 帕喀瑪 卓了瑪 切千諾

འཇིགས་དང་སྡུག་བསྔལ་ཀུན་ལས་བསྐྱབ་ཏུ་གསོལ།།
祈求畏懼中救度
吉當 度夾 棍類 加布度所了

དགེ་བ་འདི་ཡིས་མྱུར་དུ་བདག །
願以此功德
蓋瓦 德意 紐爾杜 達喀

རྗེ་བཙུན་སྒྲོལ་མ་འགྲུབ་གྱུར་ནས།།
速成綠度母
傑尊 卓嘛 珠布酒兒奈

འགྲོ་བ་གཅིག་ཀྱང་མ་ལུས་པ།།
一切有情終生
桌瓦 激喀將 瑪露巴,

དེ་ཡི་ས་ལ་འགོད་པར་ཤོག །
順利得到其果位
得`意 薩拉 果巴爾秀喀

「二十一度母」皆是觀世音菩薩的慈悲化身，以「綠度母」菩薩為主尊。釋迦牟尼佛上天界為母親說法時，曾在兜率天為諸菩薩講授《聖救度母經》。「綠度母」和「白度母」是「二十一度母」中，最為具有代表性的主尊。

「二十一度母」能救度獅子、大象、毒蛇、盜賊、牢獄、火、水、魔冤等所致的八大災難和恐懼，故又被尊稱為「救八難度母」。亦有史冊、如博文之《佛母至尊度母佛法歷史玉葉樂園》所記載，「二十一度母」亦能救度因怨敵、獅子、大象、火、毒蛇、盜賊、牢獄、海浪或水、食肉或非人，痲瘋病、死神、貧困、親眷分離、國王懲罰、霹靂、事業衰萎等等，而引致的十六種災難之恐怖。除此以外，於順境當中，還能增加順緣、增長福壽，對眾生之利益極大。因而「二十一度母」，被尊崇為世間之「生死輪迴」中，拯救一切眾生的「度脫之母」、與及諸佛所有事業之擔負者。

於莊嚴上，其他「度母」的趺坐姿勢、衣冠等嚴飾，大多與主尊「綠度母」相近。不同之處是祂們分別呈現著白、紅、藍、黃、綠、黑、褐等不同的顏色，而其個別之手印、以至手持的法器、法物等，亦不盡相同；並且各自有其獨立的心咒。

空行母是女性菩薩，祂是觀音菩薩的眼淚所化，也是佛菩薩慈悲和智慧的化身，可以在空中自由飛行，所以叫空行母，也叫做度母。祂擁有無窮的法力，最常見的有二十一度母。

༄།།སྒྲོལ་དཀར་ཡིད་བཞིན་འཁོར་ལོའི་གཟུངས་བཞུགས་སོ།།

白度母心咒

ཨོཾ་འཁོར་བ་ལས་སྒྲོལ་ཏཱ་རེ་མ།།
嗡輪回中度達熱母
嗡 闊兒瓦 類卓了 達熱嘛,

ཏུཏྟཱ་རེ་ཡིས་འཇིགས་བརྒྱད་སྒྲོལ།།
嘟達熱字度八難
度達熱意 基界卓了

ཏུ་རེས་ན་བ་རྣམས་ལས་སྒྲོལ།།
嘟熱解救諸病苦
度熱 吶哇 南木類卓了

སྒྲོལ་མ་ཡུམ་ལ་ཕྱག་འཚལ་ལོ།།
頂禮度母佛母尊
卓了瑪 永木拉 夏喀擦了羅

ཨོཾ་ཏཱ་རེ་ཏུཏྟཱ་རེ་ཏུ་རེ་མ་མ་ཨཱ་ཡུར་པུཎྱེ་ཛྙཱ་ན་པུཥྚིཾ་ཀུ་རུ་སྭཱ་ཧཱ།
嗡達熱 度達熱 度熱嘛嘛阿玉爾 布奈賈納 秉真古如梭哈 (108 遍)

དགེ་བ་འདི་ཡིས་མྱུར་དུ་བདག །
願以此功德
蓋瓦德意 紐爾杜達喀

རྗེ་བཙུན་སྒྲོལ་དཀར་འགྲུབ་གྱུར་ནས།།
速成白度母
傑尊卓了噶爾 珠布酒兒內

འགྲོ་བ་གཅིག་ཀྱང་མ་ལུས་པ།།
一切有情眾生
桌瓦 激喀將 嘛錄巴

དེ་ཡི་ས་ལ་འགོད་པར་ཤོག །
順利得到其果位
得`意薩拉 果巴爾秀喀

修持白度母法，能增長壽命和福慧，斷輪迴之根，免除一切魔障瘟疫病苦，凡有所求無不如願。

修度母法者，一切罪業消滅，一切魔障消滅，能救一切災難。而且無子祠者，求男得男，求女得女，求財得財，長壽富貴，皆能順願，成就急速，其功德利益無量。

༄འཇམ་དབྱངས་བསྟོད་པ་གང་བློ་མ་བཞུགས་སོ།།

文殊菩薩禮贊偈

༄༅། །གང་གི་བློ་གྲོས་སྒྲིབ་གཉིས་སྤྲིན་བྲལ་ཉི་ལྟར་རྣམ་དག་རབ་གསལ་བས། །
汝之妙慧離二障云如日妙淨極光耀
剛葛羅柱 哲布尼真齋了 尼達阿兒 南木達 日阿布薩了衛

ཇི་སྙེད་དོན་ཀུན་ཇི་བཞིན་གཟིགས་ཕྱིར་ཉིད་ཀྱི་ཐུགས་ཀར་གླེགས་བམ་འཛིན། །
一切法義如實見故手持經卷於心間
季涅 頓棍 及醒 賽喀戲兒 尼季圖嘎兒 列哇木增

གང་དག་སྲིད་པའི་བཙོན་རར་མ་རིག་མུན་འཐུམས་སྡུག་བསྔལ་གྱིས་གཟིར་བའི། །
彼等系於輪回牢獄無明昏闇苦所逼
剛達 席被 尊日阿兒 瑪日喀 悶土木 度夾 祭 司兒衛

འགྲོ་ཚོགས་ཀུན་ལ་བུ་གཅིག་ལྟར་བརྩེ་ཡན་ལག་དྲུག་ཅུའི་དབྱངས་ལྡན་གསུང་། །
慈憫眾生猶如獨子說法六十妙音具
卓措喀 滾拉 屋計喀 達兒寨 演拉喀 珠酒 楊但誦

འབྲུག་ལྟར་ཆེར་སྒྲོགས་ཉོན་མོངས་གཉིད་སློང་ལས་ཀྱི་ལྕགས་སྒྲོག་འགྲོལ་མཛད་ཅིང་། །
如雷震醒煩惱之眠業力鐵練令解脫
珠達兒 切兒卓喀 虐夢 逆龍 類及 甲卓喀 卓了齋進

མ་རིག་མུན་སེལ་སྡུག་བསྔལ་མྱུ་གུ་ཇི་སྙེད་གཅོད་མཛད་རལ་གྲི་བསྣམས། །
消除無明斬斷一切苦厄苗芽執寶劍
瑪熱喀 夢賽了 度夾 紐固 及涅 倔載 熱了至南木

གདོད་ནས་དག་ཅིང་ས་བཅུའི་མཐར་སོན་ཡོན་ཏན་ལུས་རྫོགས་རྒྱལ་སྲས་ཐུ་བོའི་སྐུ། །
本來清淨登坐十地功德圓滿上首菩薩身
對涅 達近 薩就 塔兒算 元但 路作喀 甲賽 圖窩固

བཅུ་ཕྲག་བཅུ་དང་བཅུ་གཉིས་རྒྱན་སྤྲས་བདག་བློའི་མུན་སེལ་འཇམ་དཔལ་དབྱངས་ལ་འདུད། །
百十二種相好莊嚴除我心暗至誠頂禮文殊尊
具擦喀 具當 具尼 見追 達露 夢賽了 將木化了 楊拉對

嗡 阿日阿 巴嘉 納帝
ཨོཾ་ཨ་ར་པ་ཙ་ན་དྷཱིཿ

བརྩེ་ལྡན་ཁྱེད་ཀྱི་མཁྱེན་རབ་འོད་ཟེར་གྱིས།།
以尊具悲極智光
哉但 切記 千日阿布 衛賽兒計

བདག་བློའི་གཏི་མུག་མུན་པ་རབ་བསལ་ནས།།
盡除我心愚癡闇
達露 迪穆 夢巴 日阿布 賽了內

བཀའ་དང་བསྟན་བཅོས་གཞུང་ལུགས་རྟོགས་པ་ཡི།།
通達經論之義理
嘎當 殿具 雄露 多巴義

བློ་གྲོས་སྤོབས་པའི་སྣང་བ་སྩོལ་དུ་གསོལ།།
祈賜智慧辯才相
羅住 博被 囊哇 紮度梭了

དགེ་བ་འདི་ཡིས་མྱུར་དུ་བདག །རྗེ་བཙུན་འཇམ་དབྱངས་འགྲུབ་གྱུར་ནས།།
願以此功德 速成文殊菩薩
蓋瓦德意 紐爾杜達喀 傑尊佳木樣 珠布酒兒內

འགྲོ་བ་གཅིག་ཀྱང་མ་ལུས་པ།།དེ་ཡི་ས་ལ་འགོད་པར་ཤོག །
一切有情眾生 順利得到其果位
桌瓦 激喀將 嘛錄巴 得`意薩拉 果巴爾秀喀

金剛手菩薩簡介與功德利益

金剛手菩薩，又名「秘密主」，屬金剛部，因手持金剛杵而得名，為大力大勢至菩薩的忿怒化現，司大能力，亦稱「大力尊」。故亦稱大力大勢至金剛手菩薩。

金剛手為統攝財寶天王(昆沙門天)，與各財神護法等夜叉部之主尊，亦為象頭王、龍王、阿修羅之部尊。與觀音本尊、文殊本尊合稱為「智、仁、 勇三尊」。

修金剛手菩薩法，有無量無邊不可思議功德。簡言之，能具足大威權，制服諸魔外，消滅一切地水火風空所生諸災難，一切所求，無不如願成就，命終時直生西方淨土。因金剛手菩薩 是統轄一切金剛護法，輔助阿彌陀佛 普度眾生故。

圖博地形高亢，雨量少、易缺水。金剛手菩薩是圖博人乾旱乞雨時所祈求之菩薩，以其負有保護控雨的龍族之責，使龍族免於受金翅鳥的騷擾。必要時甚至化身金翅鳥來欺矇真的金翅鳥，用心可謂良苦。

功德利益

1. 防止並對治各類地神所施放之災病
2. 防止和去除三種龍王所施放之毒(由龍界口噓之毒氣.視探所傳之毒.接觸所染之毒)
3. 防止和消除各種厲妖所施放之毒。
4. 防止各種毒菌進入身體所產生急性疾病。
5. 防止和去除黑白二種之疔瘡。
6. 防止和免除天花之傳染。
7. 防止和免除痢疾之傳染。
8. 防止和免除肝炎，黃疸等病之病毒。
9. 防止和免除在末法時期所出現之前所未有的怪病，新瘟疫。

༄།།གསང་བདག་ཕྱག་ན་རྡོ་རྗེའི་གཟུངས་བཞུགས་སོ།།

金剛手菩薩心咒

༄༅།།ལྕང་ལོ་ཅན་གྱི་གནས་མཆོག་དམ་པ་ན།།གསང་སྔགས་རིག་སྔགས་ཀུན་གྱི་བདག་པོ་སྟེ།།

來自虛空楊柳殊勝宮　　　　一切密咒明咒之主宰

降落 尖即 內雀喀 達木巴納　　　　桑阿 日阿喀 滾即 達播帶

ལོག་འདྲེན་བགེགས་ཀྱི་ཚོགས་རྣམས་འཇོམས་མཛད་པའི།།བཅོམ་ལྡན་རྡོ་རྗེ་བསྣམས་ལ་ཕྱག་འཚལ་ལོ།།

摧毀眾魔導邪大力王　　　　頂禮能滅四魔金剛手

落戰 給幾 撮南木 炯木在貝　　炯木但 多傑 南木拉 夏喀擦了羅

ཨོཾ་བཛྲ་པཱ་ཎི་ཧཱུྃ་ཕཊ།

嗡 班紮 巴尼 吽沛 108 遍

དགེ་བ་འདི་ཡིས་མྱུར་དུ་བདག །　　　　གསང་བའི་བདག་པོ་འགྲུབ་གྱུར་ནས།།

願以此功德　　　　速成密主金剛手

給瓦 代意 紐爾度達喀　　　　桑位 答播 珠布酒兒內

འགྲོ་བ་གཅིག་ཀྱང་མ་ལུས་པ།།　　　　དེ་ཡི་ས་ལ་འགོད་པར་ཤོག །

一切有情眾生　　　　順利得其果位

桌瓦 激喀將 嘛錄巴　　　　得｀意薩拉 果巴爾秀喀

ཁྱེད་ལ་བསྟོད་ཅིང་གསོལ་བ་བཏབ་པའི་མཐུས།།ཞེས་སོགས་སོ་སོ་ཀ་གཅིག་གིས་
འདོད་གསོལ་བྱའོ།།

༄། །སངས་རྒྱས་སྨན་བླའི་མཚན་གཟུངས་བཞུགས་སོ། །

藥師佛心咒

༄༅། །བླ་མ་སྟོན་པ་བཅོམ་ལྡན་འདས། དེ་བཞིན་གཤེགས་པ། དགྲ་བཅོམ་པ། ཡང་དག་པར་རྫོགས་པའི་སངས་རྒྱས་སྨན་གྱི་བླ་བཻཌཱུརྱའི་འོད་ཀྱི་རྒྱལ་པོ་ལ་ཕྱག་འཚལ་ལོ། །མཆོད་དོ། །སྐྱབས་སུ་མཆིའོ། །
喇嘛頓巴 炯木但代 代性夏巴 紮炯木巴 楊達巴兒作喀北 桑傑 滿急拉 北炙熱 窩及 甲了窩拉 夏喀擦了羅 確多 駕布速齊哦

༄༅། །ཐུགས་རྗེ་ཀུན་ལ་སྙོམས་པའི་བཅོམ་ལྡན་འདས། །མཚན་ཙམ་ཐོས་པས་ངན་འགྲོའི་སྡུག་བསྔལ་སེལ། །
慈悲遍照救度諸有情　　聽即解除惡趣之痛苦
圖傑 棍拉 拗貝 炯木但代　　參紮木 退貝 夾卓 度夾謝了

དུག་གསུམ་ནད་སེལ་སངས་རྒྱས་སྨན་གྱི་བླ། །བཻཌཱུརྱ་ཡི་འོད་ལ་ཕྱག་འཚལ་ལོ། །
三毒病除藥師如來佛　　一心頂禮琉璃殊勝光
度孫木 乃謝了 桑傑 滿及拉　　貝炙熱意 窩拉 夏喀擦了羅

ཨོཾ་ན་མོ་བྷ་ག་ཝ་ཏེ། བྷེ་ཥ་ཛྱེ་གུ་རུ་བཻཌཱུརྱ་པྲ་བྷ་རཱ་ཛཱ་ཡ། ཏ་ཐཱ་ག་ཏཱ་ཡ། ཨརྷ་ཏེ་སམྱཀྶཾ་བུདྡྷཱ་ཡ།
嗡 南無 般嘎哇代 貝卡哉 咕嚕 貝炙熱雅 巴兒巴 日阿迦雅 達他嘎達雅 阿日阿哈代 桑木雅桑木 布達雅
ཏདྱཐཱ། ཨོཾ་བྷེ་ཥ་ཛྱེ་བྷེ་ཥ་ཛྱེ། མ་ཧཱ་བྷེ་ཥ་ཛྱེ་བྷེ་ཥ་ཛྱེ་རཱ་ཛ་སམུདྒ་ཏེ་སྭཱཧཱ། ཞེས་གཟུངས་རིང་དམ། ཡང་ན།
以上是長咒 7 遍或 21 遍

代雅他 嗡 貝卡哉 貝卡哉 馬哈 貝卡哉 貝卡哉 日阿加 薩夢 嘎代 梭哈
ཏདྱཐཱ། ཨོཾ་བྷེ་ཥ་ཛྱེ་བྷེ་ཥ་ཛྱེ། མ་ཧཱ་བྷེ་ཥ་ཛྱེ་བྷེ་ཥ་ཛྱེ་རཱ་ཛ་སམུདྒ་ཏེ་སྭཱཧཱ། ཞེས་གཟུངས་ཐུང་ཅི་མང་བཟླའོ། །
代雅他 嗡 貝卡哉 貝卡哉 馬哈 貝卡哉 貝卡哉 日阿加 薩夢 嘎代 梭哈
以上是短咒 21 遍或 108 遍

དགེ་བ་འདི་ཡིས་མྱུར་དུ་བདག །སངས་རྒྱས་སྨན་བླ་འགྲུབ་གྱུར་ནས། །
願以此功德　　速成藥師佛
給瓦得意紐爾度大喀　　桑傑 曼拉 珠布酒兒內

འགྲོ་བ་གཅིག་ཀྱང་མ་ལུས་པ།། དེ་ཡི་ས་ལ་འགོད་པར་ཤོག །
一切有情眾生 順利得其果位
桌瓦 激喀將 嘛錄巴 得｀意薩拉 果巴爾秀喀

༄༅།།སངས་རྒྱས་ཚེ་དཔག་མེད་ཀྱི་གཟུངས་བཞུགས་སོ།།

無量壽佛心咒

༄༅།།འཇིག་རྟེན་འདྲེན་པའི་གཙོ་བོ་ཚེ་དཔག་མེད།། དུས་མིན་འཆི་བ་མ་ལུས་འཇོམས་པའི་དཔལ།།
救世之主無量壽如來 必除非時橫死等之難
及殿 戰備 坐屋 才華昧 對明 奇哇 馬露 炯木貝 畫了

མགོན་མེད་སྡུག་བསྔལ་གྱུར་བ་ཀུན་གྱི་སྐྱབས།། སངས་རྒྱས་ཚེ་དཔག་མེད་ལ་གསོལ་བ་འདེབས།།
一切受苦有情之怙主 我今至誠祈求請加持
棍昧 度夾 酒兒哇 棍極 佳布 桑傑 財華 昧拉 所了哇代布

ཨོཾ་ན་མོ་བྷ་ག་ཝ་ཏེ། ཨ་པ་རི་མི་ཏ་ཨཱ་ཡུརྫྙཱ་ན་སུ་བི་ནི་ཤྩི་ཏ་ཏེ་ཛོ་རཱ་ཛཱ་ཡ། ཏ་ཐཱ་ག་ཏ་ཡ། ཨརྷ་ཏེ་སམྱཀྶཾ་བུདྡྷཱ་ཡ།
嗡 南無 班嘎哇代 阿巴熱密大 阿玉兒迦納 速必尼 寄達 代昨 日阿加雅
達他嘎達雅 阿兒哈代 桑木雅桑木 布達雅

ཏདྱ་ཐཱ། ཨོཾ་པུཎྱེ་པུཎྱེ། མ་ཧཱ་པུཎྱེ། ཨ་པ་རི་མི་ཏ་པུཎྱེ། ཨ་པ་རི་མི་ཏ་པུཎྱེ། ཛྙཱ་ན་སཾ་བྷཱ་རོ་པ་ཙི་ཏེ།
代雅他 嗡 布聶 布聶 馬哈布聶 阿巴熱密達 不聶 阿巴熱密達 不聶
迦納 桑木巴若 巴幾代

ཨོཾ་སརྦ་སཾ་སྐཱ་ར་པ་རི་ཤུདྡྷ་དྷརྨ་ཏེ་ག་ག་ན་ས་མུདྒ་ཏེ་སྭ་བྷཱ་བ་བི་ཤུདྡྷེ་མ་ཧཱ་ན་ཡ་པ་རི་ཝཱ་ར་ཡེ་སྭཱ་ཧཱ། ཞེས་གཟུངས་རིང་དང་།

嗡 薩爾瓦桑木 嘎日阿 巴熱 續達 達爾瑪代 嘎嘎納 薩夢嘎代 梭巴哇必須代 瑪哈那雅 巴熱 哇日阿耶 梭哈(長咒)7 遍或 21 遍

ཡང་ན། ཨོཾ་ཨ་མ་ར་ཎི་ཛཱི་ཝནྟི་ཡེ་སྭཱ་ཧཱ། ཞེས་གཟུངས་ཐུང་ཅི་ནུས་བཟློ།།

嗡 阿瑪日阿尼　計灣德耶　梭哈(短咒)108 遍

དུས་མིན་འཆི་བའི་མཚན་མ་མཐོང་བ་ན།།

若是顯前橫死之預兆

對明 奇威 參瑪 同哇那

དེ་ཡི་མོད་ལ་ཚེ་དཔག་མེད་པའི་སྐུ།།

及時看到無量壽如來

代意摸拉 才華 昧貝古

གསལ་བར་མཐོང་ནས་འཆི་བདག་དཔུང་བཅོམ་སྟེ།།

退去死魔令得無死界

賽了哇兒 桶內 奇答喀 畫炯木代

འཆི་མེད་རིག་འཛིན་མྱུར་དུ་ཐོབ་པར་ཤོག །

速證長壽持明佛果位

奇昧 仁真 紐兒度 拓巴兒修喀

དགེ་བ་འདི་ཡིས་མྱུར་དུ་བདག །

願以此功德

給瓦代意 紐爾度達 喀

ཚེ་དཔག་མེད་སྐུ་འགྲུབ་གྱུར་ནས།།

速成無量壽佛

才華昧古 珠布酒兒內

འགྲོ་བ་གཅིག་ཀྱང་མ་ལུས་པ།།

一切有情眾生

桌瓦 激喀將 嘛錄巴

དེ་ཡི་ས་ལ་འགོད་པར་ཤོག །

順利得其果位

得 ` 意薩拉 果巴爾秀喀

༄༅། །ཀུན་རིག་རྣམ་པར་སྣང་མཛད་ཀྱི་གཟུངས་བཞུགས་སོ། །

南無毗盧遮那佛

大日如來心咒

༄༅། །ཆོས་དབྱིངས་ཡེ་ཤེས་རྣམ་པར་དག །
法界性智淨妙空
卻印 葉錫 拿木巴兒達

རྣམ་པར་སྣང་མཛད་བཅོམ་ལྡན་འདས། །
毗盧遮那明報佛
拿木巴兒 囊在 炯木但代

ཏིང་ངེ་འཛིན་ལྡན་ཕྱག་རྒྱ་ཅན། །
等持手印治散心
頂夾 曾但 夏喀迦見

ཕྱག་འཚལ་བཅོམ་ལྡན་ཀུན་རིག་ལ། །
頂禮大日如來佛
夏喀擦了 炯木但 棍熱喀拉

ཨོཾ་ན་མོ་བྷ་ག་ཝ་ཏེ། སརྦ་དུརྒ་ཏེ་པ་རི་ཤོ་དྷ་ནི་རཱ་ཛཱ་ཡ། ཏ་ཐཱ་ག་ཏཱ་ཡ། ཨརྷ་ཏེ་སམྱཀྶཾ་བུདྡྷཱ་ཡ།

嗡 南無班嘎哇代 薩爾哇 度兒嘎代 巴熱 修達尼 日阿迦雅
達他嘎達雅
阿兒哈代 桑木雅桑木 布達雅

ཏདྱ་ཐཱ། ཨོཾ་ཤོ་དྷ་ནི་ཤོ་དྷ་ནི། སརྦ་པཱ་པཾ་བི་ཤོ་དྷ་ནི། ཤུདྡྷེ་བི་ཤུདྡྷེ། སརྦ་ཀརྨཿཨཱ་ཝ་ར་ཎ་བི་ཤོ་དྷ་ནི་སྭཱཧཱ།

代雅他 嗡 修達尼 修達尼 薩爾哇拔棒木 必修達尼 續代必續代 薩爾哇嘎爾瑪 阿哇日阿納 必修 達尼 梭哈(長咒 7 遍或 21 遍)

ཨོཾ་སརྦ་བིད་སརྦ་ཨཱ་ཝ་ར་ཎ་བི་ཤོ་དྷ་ནི་ཧ་ན་ཧཱུྃ་ཕཊ། ཅེས་ཅི་འགྲུབ་བཟླའོ།།

嗡 薩爾哇必 薩爾哇 阿哇日阿納 必修達尼 哈納 吽沛

毗盧遮那佛大罐頂真言

ཨོཾ་ཨ་མོ་གྷ་ བཻ་རོ་ཙ་ན་ མ་ཧཱ་མུ་དྲ་ མ་ཎི་པདྨ་ ཛྭ་ལ་ པྲ་ཝརྟ་ཡ་ཧཱུྃ (短咒 21 遍或 108 遍)

嗡 不空 毗盧遮那 大 手印 摩尼 蓮 花 光輝 普 耀 成就
嗡 阿莫嘎 拜若洽那 瑪哈 姆知 日阿 嘛尼 叭德嘛 吉瓦拉 巴兒瓦達雅 吽

毗盧遮那佛心咒

ཨོཾ་བཻ་རོ་ཙ་ན་ ཨོཾ་སྭཱཧཱ།

嗡 遍照 嗡 圓滿
嗡 拜若洽那 嗡 梭哈 (心咒 21 扁或 108 遍)

དགེ་བ་འདི་ཡིས་མྱུར་དུ་བདག ། རྣམ་པར་སྣང་མཛད་འགྲུབ་གྱུར་ནས།།

願以此功德 速成大日如來佛
給哇 代意 紐爾度達喀 南木巴兒 囊哉 珠布 酒兒內

འགྲོ་བ་གཅིག་ཀྱང་མ་ལུས་པ། ། དེ་ཡི་ས་ལ་འགོད་པར་ཤོག །

一切有情眾生 順利得其果位
桌瓦 激喀將 瑪露巴 得意` 薩拉 果巴爾秀喀

༄༅། །མགོན་པོ་འོད་དཔག་མེད་ཀྱི་སྒྲུབ་ཐབས་བདེ་ཆེན་མྱུར་ལམ་བཞུགས་སོ། །

阿彌陀佛的修法淨土捷徑

༄༅། །འོད་དཔག་མེད་ཀྱི་སྒྲུབ་ཐབས་བདེ་ཆེན་མྱུར་ལམ་བཞུགས་སོ། །

阿彌陀佛的修法淨土捷徑

༄༅། །འོད་དཔག་མེད་ལ་ཕྱག་འཚལ་ལོ༔ འོད་དཔག་མེད་ཀྱི་སྒྲུབ་ཐབས་ནི༔

禮敬阿彌陀佛　阿彌陀佛的修法如下:

窩華 昧拉 夏喀擦了羅

དང་པོ་སྐྱབས་འགྲོ་སེམས་བསྐྱེད་བྱ༔ དེ་ནས་སྒོམ་བཟླས་འདི་ལ་འཇུག༔

首先皈依要發心 修法如下請觀想

ཆོས་རྣམས་ཐམས་ཅད་སྟོང་པའི་ངང་ ༔

諸法性空空性中

卻南木 塔木屆　董位昂

ཀུན་ཁྱབ་བརྩེ་བའི་སྙིང་རྗེ་བསྒོམ༔

生起同體大悲心

棍洽布 哉為　寧界過木

སྟོང་ཉིད་སྙིང་རྗེ་དེ་ཡི་ངང་༔

空性充滿慈悲觀

董尼 寧界 代意昂

སྣང་སྲིད་བདེ་ཆེན་ཞིང་གི་དབུས༔

萬物剎變極樂國

囊舍 代千 心格衛

པད་ཟླའི་གདན་ལ་རང་རིག་ཧྲཱིཿ
蓮台月輪心識舍 ཧྲཱིཿ
貝代 但拉 讓熱舍益

དེ་ལས་འོད་འཕྲོས་དོན་གཉིས་སྒྲུབ༔
舍 ཧྲཱིཿ 字發光二利成
帶累 窩垂 敦尼珠布

ཡོངས་གྱུར་བདག་ཉིད་བཅོམ་ལྡན་འདས༔
圓成自身如來相
永珠兒 達尼 炯木但代

སྣང་བ་མཐའ་ཡས་སྐུ་མདོག་དམར༔
阿彌陀佛紅光身
囊哇 塔葉 古多瑪兒

ཞལ་གཅིག་ཕྱག་གཉིས་མཉམ་གཞག་སྟེང་༔
一面兩臂平等住
謝即 夏尼 娘木夏喀 定

ལྷུང་བཟེད་བདུད་རྩིས་གང་བ་བསྣམས ༔
手持金缽滿甘露
龍賽 賭資 剛哇 囊木

ཞབས་གཉིས་མི་འགྱུར་སྐྱིལ་ཀྲུང་བཞུགས༔
足結金剛迦趺坐
夏尼 蜜酒兒 集中修

ཆོས་གོས་རྣམ་གསུམ་སྐུ་ལ་མཛེས ༔
身著莊嚴三法衣
卻貴 囊木孫木 估喇哉

མཚན་དང་དཔེ་བྱད་ཡོངས་སུ་རྫོགས༔
圓滿相好隨好相
參當 輝謝 永速造喀

སངས་རྒྱས་སྐུ་ལྔའི་བདག་ཉིད་མཆོག ༔
五佛合一無量光
桑傑 估夾 達尼雀

སྣང་ལ་རང་བཞིན་མེད་པ་ཡི༔
現而無性自心中
囊拉 讓心 昧巴意

ཐུགས་ཀར་ཟླ་སྟེང་ཧྲཱི༔དམར་པོར༔
月輪中央紅色舍 ཧྲཱི༔
吐嘎兒 打定 舍瑪兒屋兒

སྔགས་ཀྱིས་གཡས་སུ་བསྐོར་བ་ལས༔
咒語圍繞種字轉(往右轉)
阿計 葉素 果兒哇類

འོད་འཕྲོས་བདེ་གཤེགས་ཐམས་ཅད་ཀྱང༔
咒光照請諸如來
窩垂 代謝 湯木節降

བསྒོམ་པ་ཛྙཱ་ཏུར་སྤྱན་དྲངས་བསྟིམ༔

如同觀想融我體

果木巴 達屋兒 見帳定木

ཛཿཧཱུྃ་བཾ་ཧོཿ

紮 吽 棒木 火

སྔགས་ལས་འོད་འཕྲོས་དོན་གཉིས་བྱས༔

咒光承辦二利業

阿類 窩垂 敦尼錫

གཟུགས་སྣང་དག་པ་འོད་དཔག་མེད ༔

諸相淨觀彌陀身

速囊 達巴 窩華昧

སྒྲ་གྲགས་སྙིང་པོ་སྔགས་ཀྱི་སྒྲ༔

諸音淨觀咒語聲

紮紮 寧窩 阿季紮

རྟོག་ཚོགས་དག་པ་ཡེ་ཤེས་ལྔ༔

諸念淨觀五種智

朵措 達八 葉錫阿

བདེ་བ་ཆེན་པོའི་ངང་ནས་བཟླ༔

充滿大樂持心咒

代哇 千播 昂內達

ཨོཾ་ཨ་མི་དྷེ་ཝ་ཨ་ཡུ་སིདྡྷི་ཧཱུྃ་ཧྲཱིཿ

嗡 阿彌代哇 阿玉悉諦 吽舍意

ཡི་གེ་བཅུ་གཅིག་རྩ་བའི་སྔགས༔ འབུམ་ཕྲག་གསུམ་གྱིས་དངོས་གྲུབ་ཐོབ༔

11 個字的根本咒　　30 萬遍即成就

དེ་ནས་ལྷ་སྣང་མི་དམིགས་བཞག༔ རྗེས་སུ་བསྔོ་བ་སྨོན་ལམ་བྱ༔

自觀佛景不可得　　最後迴響發祈願

ཚེ་འདིར་དུས་མིན་འཆི་བ་ཞི༔ ཕྱི་མ་བདེ་ཆེན་ཞར་ལམ་ཐིན༔

今生熄滅非時死　　往生極樂得解脫

དེ་ཕྱིར་སྐལ་ལྡན་ཉམས་སུ་ལོངས༔ ས་མ་ཡ༔

有緣善眾請修持　　薩瑪雅(三昧耶)

ལས་རབ་གླིང་པའི་གཏེར་མ་ཤོག་སེར་ལས་རྒྱལ་དབང་ཐུབ་བསྟན་རྒྱ་མཚོས་ཞབ་པ་འོ༔

這個修法是例熱布林哇的伏藏文,由十三世達賴喇嘛從黃色紙張上抄寫下來的

大寶法王關於不動佛修持-淨除罪障的開示

金剛薩埵不也是淨除罪障的嗎？但是金剛薩埵淨除罪障比較針對我們學佛的人，一個佛弟子如果違犯了各種戒律或是三昧耶戒等過患，我們可以透過金剛薩埵來懺悔。有很多不是佛教徒的人，他們怎麼辦呢？況且大多數人並非佛教徒。這個世界須要有更大的力量與修法，以幫助大家從災難中得到解脫，這就需要不動佛的修持，因為不動佛的修持跟不動佛的咒語，說的是任何再重、再大的罪業，如果能夠透過修持這個法門，都可以得到清淨。據《中有教授聽聞解脫密法》(蓮華生大士著 孫景風居士譯)，此咒對度亡特別有效：

本咒功德，超度亡魂，乃其本願，最能轉定業生善道，每日三時念誦，能消除種種不祥兇事，若書此咒佩帶身上，可免非時橫死之難。如發菩提心念誦，則凡飛禽走獸，人非人等，於其耳根下經過，一聞咒音，不入三惡道；若為亡者念誦，每念一遍，稱亡者名，為其迴向，亡者罪重者，念十萬遍，其人雖入地獄，定能拔除其苦，仗此功德，往生善道。又以清淨砂土，或用白芝麻，白芥子或用清水，念咒加持，以此加持之土，造一小塔而為供養，再對塔前念誦本咒七天，生敬信心，虔誠發願，則亡者七天以後，即能拔出五無間地獄之苦。如亡者在世曾發願往生淨土者，亦可仗此功德往生。又為亡者生在地獄，設法齋戒沐浴，更換新衣，禁吃蔥蒜菸酒葷腥，向佛像或塔前，念三十萬遍，能令亡者拔出地獄之苦，上生色界天頂，被超脫之亡者，並能於夢中相示，與之見面，圍繞三匝，作禮而謝。又或書寫此咒於鍾鈴螺鈸等能出聲音器上，或書此咒安放山巔，或於江河水中誦咒，或天雨時仰空誦咒，或於大風時仰空誦咒，或對火光及日月光中誦咒，或於大風沙時仰空誦咒，觀想咒音所能及之地方，仗此功德，有罪眾生，獲蒙解脫。誦咒者所出聲音，天龍八部聞之，均為清淨法音。功德不可思議。

又有簡法，在於亡者將斷氣時，於其耳根下誦咒；或亡者已死，七七之內，或死已久，在亡者像前，或向亡者生前所愛之物，或其著過之衣，呼喚其名，隨力誦咒，必能超度。又或念咒加持淨砂，灑在墓上，或亡者死亡已久，憶念其生前形象，誦咒一遍，加呼亡者之名，隨力多念，為其迴向，亦能超升。又寫咒於黃綢上，覆蓋亡者棺內屍上頭額心口等處，亦可往生。又若見他人殺生，力不能救，微出聲音誦咒加持。又放生時，念咒加持再放。又吃三淨肉者或見人吃肉，或見市肆懸賣生物，以咒加持，俱獲利益，得生善道。以上所舉，經有明文，諦信勿疑。惟念咒時，不可吸煙及吃蔥蒜，並以出聲念為好。

此咒念誦十萬遍，加持力不可思議。

༄༅།།མི་འཁྲུགས་པའི་གཟུངས་བཞུགས་སོ།།

不動如來佛心咒

༄༅། །ཆོས་དབྱིངས་རང་བཞིན་ཨིནྡྲ་ནཱི་ལའི་མདོག །
法界性空因陀羅尼身
卻印 讓心 恩紮 尼類埵

ཞལ་གཅིག་ཕྱག་གཉིས་ས་གནོན་མཉམ་བཞག་མཛད། །
一面兩臂等持觸地印
謝及 夏尼 薩南 娘木夏哉

སྐུ་ཡི་གོས་དང་རིན་ཆེན་རྒྱན་མང་མཛེས། །
身著天衣多種裝飾美
拉依 貴當仁千 檢茫哉

བཅོམ་ལྡན་མི་འཁྲུགས་པ་ལ་ཕྱག་འཚལ་ལོ། །
一心頂禮不動如來佛
炯但密楚 巴拉夏喀擦了羅

ན་མོ་རཏྣ་ཏྲ་ཡ་ཡ། ཨོཾ་ཀཾ་ཀ་ནི་ཀཾ་ཀ་ནི། རོ་ཙ་ནི་རོ་ཙ་ནི། ཏྲོ་ཊ་ནི་ཏྲོ་ཊ་ནི།
頂禮三寶尊 諸惡 諸惡 焚燒 焚燒 令斷 令斷
南無 日阿納紮雅雅 嗡 剛嘎尼 剛嘎尼 若迦尼 若迦尼 卓紮尼 卓紮尼

ཏྲཱ་ས་ནི་ཏྲཱ་ས་ནི། པྲ་ཏི་ཧ་ན་པྲ་ཏི་ཧ་ན །
令懼 令懼 自伏 自伏
紮薩尼 紮薩尼 布日阿諦哈納 布日阿諦哈納

སརྦ་ཀརྨ་པ་རཾ་པ་རཱ་ཎི་མེ་སརྦ་སཏྭ་ནཱཉྩ་སྭཱ་ཧཱ།
我等一切眾生輪迴之業 系令燒毀斷除 將畏懼一切惡行，願調伏無盡煩惱！
薩爾瓦 嘎爾瑪 巴讓木 巴日阿 尼美 薩爾瓦薩埵 南紮梭哈*21 遍

དགེ་བ་འདི་ཡིས་མྱུར་དུ་བདག །། མི་འཁྲུགས་རྒྱལ་བོ་འགྲུབ་གྱུར་ནས།།
願以此功德 速成不動如來佛
蓋瓦德意 拗爾杜達喀 密楚 傑握 珠布酒兒奈

འགྲོ་བ་གཅིག་ཀྱང་མ་ལུས་པ།། དེ་ཡི་ས་ལ་འགོད་པར་ཤོག །
一切有情眾生 順利得到其果位
桌瓦 激喀將 瑪露巴 得意`薩拉 果巴爾秀喀

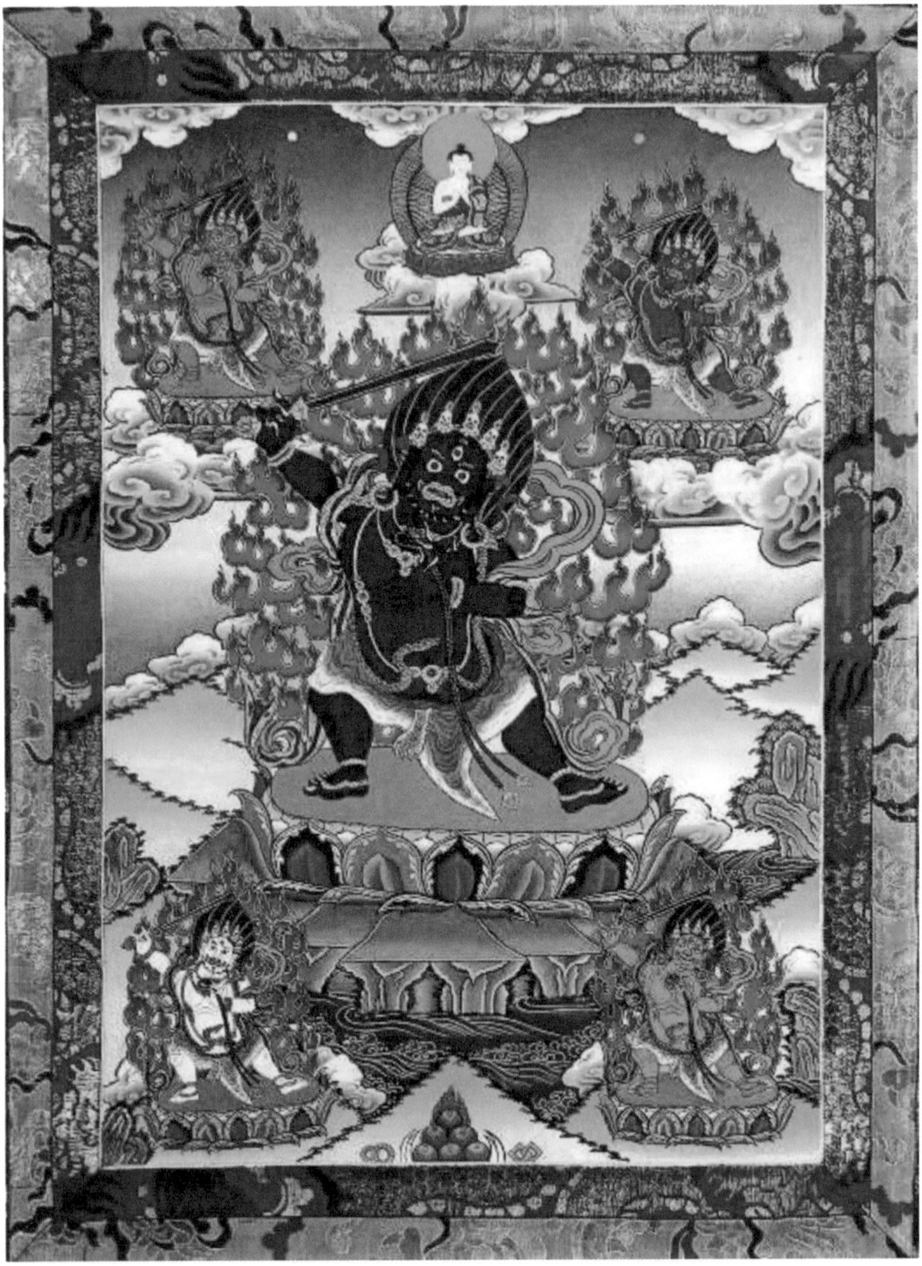

༄༅། །མི་གཡོ་བ་སྔོན་པོ་བཀའ་གདམས་ལུགས་ཀྱི་གཟུངས་བཞུགས་སོ། །

不動明王心咒

༄༅། །ཆོས་དབྱིངས་རང་བཞིན་ཨིནྡྲ་ནི་ལའི་མདོག །
法界性空因陀羅尼身
卻印讓心 恩紮 尼類埵

ཞལ་གཅིག་ཕྱག་གཉིས་ཞབས་ཟུང་བརྗིད་པའི་སྐུ།།
一面兩臂莊嚴兩足尊
謝及夏尼 夏布誦 吉北故

ཡེ་ཤེས་རལ་གྲི་རྡོ་རྗེ་ཞགས་པ་བསྣམས། །
右持慧劍 左持金剛繩
業希日阿志 多傑夏巴南木

ཁྲོ་རྒྱལ་མི་གཡོ་མགོན་ལ་ཕྱག་འཚལ་ལོ། །
頂禮憤怒不動明王尊
綽嘉密優 觀拉 夏擦了露

ཨོཾ་ ཨོཾ་ཙཎྜ་མ་ཧཱ་རོ་ཥ་ཎ་ཧཱུྃ་ཕཊ།
嗡 讚紮 瑪哈 若喀那 吽沛*108 遍

དགེ་བ་འདི་ཡིས་མྱུར་དུ་བདག །ཁྲོ་བོའི་རྒྱལ་པོ་འགྲུབ་གྱུར་ནས།།
願以此功德 速成不動明王
蓋瓦德意 拗爾杜達喀 綽窩 賈窩 珠布酒兒奈

འགྲོ་བ་གཅིག་ཀྱང་མ་ལུས་པ།། དེ་ཡི་ས་ལ་འགོད་པར་ཤོག །
一切有情眾生 順利得到其果位
桌瓦 激喀將 瑪露巴 得意ˋ薩拉 果巴爾秀喀

༄༅། །རྗེ་བཙུན་ཙུན་ཏྲི་ལྷ་མོའི་གཟུངས་བཀླགས་སོ། །

準提佛母心咒

開咒偈解譯

「稽首皈依蘇悉帝，頭面頂禮七俱胝，我今稱讚大準提，惟願慈悲垂加護」

這四句偈不是咒，而是龍樹菩薩所作，這四句是開咒偈，這是皈依三寶之意，是龍樹菩薩在念咒前的禮讚。

「稽首」是頂禮之意。**蘇悉帝**譯成中文是「善圓成」，意思是說：善巧方便的圓滿一切願心，善巧方便的成就一切事理。不論那一條咒，都要先頂禮皈依法寶，皈依法寶可使唸咒達成願望，故曰：善圓成。

「頭面頂禮」即禮佛。一個人最尊貴的是頭，為了表示我們的恭敬而做禮拜。**七俱胝**譯作億。亦即頂禮七億尊的佛，是指禮敬諸佛，所以這是皈依佛寶。至此三寶俱足，皈依佛寶、法寶及僧寶，所以偈言：「我今稱讚大準提」。

「惟願慈悲垂加護」，指向三寶請願。願其慈悲威德神通力，給予加庇保護。三寶在上我在下，所以垂加護所以唸這四句偈，也有皈依三寶之意，唸其他的咒將這四句偈拿到前面，也就是皈依三寶。身、口、意清淨，可不用再唸淨口業真言，

過去七億尊佛都曾共同宣說過，也因修持本準提咒而成就佛道，故有此一「七俱胝佛咒」之稱。

【準提咒原文】

稽首皈依蘇悉諦,頭面頂禮七俱胝,我今稱讚大準提,惟願慈悲垂加護*3 遍

南ㄋㄚˊ無ㄇㄚˊ颯ㄙㄚˋ哆ㄉㄚ、喃ㄋㄚˊ三ㄙㄢ藐ㄇㄧㄠˇ三ㄙㄢ
菩ㄅㄨˊ陀ㄉㄚ
俱ㄎㄡ胝ㄊㄧ、南ㄋㄢ、怛ㄉㄚˊ姪ㄉㄧˊ　ㄚ托ㄊㄚ、
唵ㄨㄥˋ掐ㄑㄧㄚ隸ㄌㄟˋ　初ㄔㄨˇ隸ㄌㄟˋ　準ㄓㄨㄣˇ提ㄊㄟ、
娑ㄙㄨㄚ婆ㄆㄛˊ訶ㄏㄚ*21 遍

唵ㄨㄥˋ掐ㄑㄧㄚ 隸ㄌㄟˋ　初ㄔㄨ 隸ㄌㄟˋ　準ㄓㄨㄣˇ提ㄊㄟ、
娑ㄙㄨㄚ婆ㄆㄛˊ訶ㄏㄚ、*108 遍

所有中文需要用河洛話發音.

དགེ་བ་འདི་ཡིས་མྱུར་དུ་བདག །
願以此功德
給瓦 得ˋ意 拗爾杜達喀

རྗེ་བཙུན་ཙུན་ཏེ་འགྲུབ་གྱུར་ནས།།
速成準提佛母
傑尊 準提珠布酒兒奈

འགྲོ་བ་གཅིག་ཀྱང་མ་ལུས་པ།།
一切有情眾生
桌瓦 激喀將 瑪露巴

དེ་ཡི་ས་ལ་འགོད་པར་ཤོག །
順利得到其果位
得意ˋ薩拉 果巴爾秀喀

【詞句解譯】
南無（皈依）颯哆喃（七）三藐三菩陀（正等正覺）俱胝南（億）怛姪托（即說咒曰） 唵 折隸（外精進，身口精進）主隸（內與密精進.心與自性的精進）準提（準提尊者）娑婆訶（成就吉祥圓滿）

【整句翻譯】:
「皈依七億正等正覺咒文如下，希望準提佛母能讓我生起清淨心，成就吉祥圓滿」我清淨，身口意的精進稱讚大準提的功德，請慈悲加護我達到成就清淨圓滿功德.。

這是我們夫婦結為法侶後，一起回到古嚴寺大悲殿，深深感恩準提佛母和觀音菩薩的慈悲加護。

隨喜讚歎德華 老師父和法傑 方丈，以及護法大德們的無上發心和無量功德，建造如此清淨莊嚴的道場－古嚴寺！

同時我們夫妻彼此也感恩對方長期以來對佛法僧的堅定不移的皈依，並且深信因果，行善積德，精進修學佛法的努力和勇敢果斷的選擇。

我們的故事如實地告訴人們，佛法不可思議，因果絲毫不爽，只要你堅定信念，如理如法用心修法，不需刻意求什麼，佛菩薩自然會幫助你，一切都是最好的安排。

已有這麼多佛、菩薩可修學，為何還要祈求蓮師？

我們已經有了阿彌陀佛、觀世音菩薩、釋迦牟尼佛，為何還習修蓮師法門？

時值末法時代，眾生身心各方面違緣重重，深受煩惱的束縛，這個時代，不管是為了自己修行順利還是為了利眾圓滿，一切事業均離不開蓮花生大士（蓮師）的加持。噶陀度達等大德說過：「五濁黑暗越深之時，蓮師加持之月越明」、「誠心祈求蓮花生大士，則不被違緣所轉」。

蓮師是阿彌陀佛、觀世音菩薩，釋迦牟尼如來身口意三密之金剛應化身，他修學了諸多密法並獲得諸如大遷轉虹身等眾多成就。若沒有當年圖博國王赤松德真和阿闍黎菩提薩埵迎請蓮花生大士，那麼在非人如此猖獗的圖博，很難弘揚開來這麼殊勝的教法。正因為蓮師來到圖博降伏了十二護地母和二十一優婆塞，讓他們承諾永遠護持圖博的佛法如意寶，並且自己也行持密法，同時建造有殊勝緣起的各大寺院，降伏了種種魔障……大小乘佛法、尤其是密宗法要，才得以在雪域圖博大地上遍地開花、興盛不衰。

到目前為止，國內外很多信徒來到圖博，出離心、菩提心、證悟覺性油然而生，長時間對上師三寶的信心都不退轉，究其原因，無不歸功於蓮師的殊勝加持。蓮師的佛行事業功德和成就殊勝，與諸佛陀無二無別，雖非賢劫千佛第二佛，而為圖博人讚稱之為「第二佛」、「咕嚕仁波切」　（根本仁波切，珍貴的上師）。

末法時代，邪魔外道的危害極其倡狂，因此，要時時刻刻祈求寂猛本尊的總集、邪魔外道的降伏者——蓮花生大士，一提及這個名字，非人和妖魔鬼怪會膽戰心驚，這在很多上師的竅訣中都講過。

正是由於蓮師不可思議的悲心，無時不湣念南瞻部洲的有情，所以只要有人淨信而祈請，蓮師便到他的面前加持他，安慰他，為他遣除一切的魔障、邪道障、中斷障等障礙，並賜予成就，直到成佛為止。

༄༅། །གུ་རུ་སྣང་སྲིད་ཟིལ་གནོན་ལ་ན་མོ།

《蓮花生大士祈請文》《蓮師心咒》

༄༅། །ཚིག་བདུན་གསོལ་འདེབས་ནི། །

蓮花生大士祈請文

ཧཱུྃ། ཨོ་རྒྱན་ཡུལ་གྱི་ནུབ་བྱང་མཚམས༔
吽 在鄔金國的西北隅上
吽 烏間 玉吉 努布祥擦木

པདྨ་གེ་སར་སྡོང་པོ་ལ༔
在蓮花'蓮蕊和蓮莖上
貝瑪 給薩爾 東屋拉

ཡ་མཚན་མཆོག་གི་དངོས་གྲུབ་བརྙེས༔
你獲致聖妙無上之成就
雅參 秋給 娥珠尼

པདྨ་འབྱུང་གནས་ཞེས་སུ་གྲགས༔
並且以蓮花生聞名
唄瑪 炯尼 希速紮

འཁོར་དུ་མཁའ་འགྲོ་མང་པོས་བསྐོར༔
眾空行母圍繞著你
擴爾杜 卡卓 芒喔過爾

ཁྱེད་ཀྱི་རྗེས་སུ་བདག་བསྒྲུབ་ཀྱིས༔
我們跟隨著你的步履來修行
切吉 傑速 達珠基

བྱིན་གྱིས་བརླབ་ཕྱིར་གཤེགས་སུ་གསོལ༔
在此祈請你降臨此處來加持我們!
信記 拉布希爾 夏速梭了

ཀུ་རུ་པདྨ་སིདྡྷི་ཧཱུྃ
古如 貝瑪 悉諦 吽*3

ཨོཾ་ཨཱཿཧཱུྃ་བཛྲ་ཀུ་རུ་པདྨ་སིདྡྷི་ཧཱུྃཿ
嗡阿吽 班紮古如 貝瑪悉諦 吽(108)

དགེ་བ་འདི་ཡིས་མྱུར་དུ་བདག །
願以此功德
給瓦 得｀意 拗爾杜達喀

ཨོ་རྒྱན་བླ་མ་འགྲུབ་གྱུར་ནས།།
速成蓮花生大士
烏間 喇嘛 珠酒兒奈

འགྲོ་བ་གཅིག་ཀྱང་མ་ལུས་པ།།
一切有情眾生
桌瓦 激喀將 嘛錄巴

དེ་ཡི་ས་ལ་འགོད་པར་ཤོག །
順利得到其果位
得｀意薩拉 果巴爾秀喀

བྱང་ཆུབ་སེམས་མཆོག་རིན་པོ་ཆེ།།
大寶菩提心
祥雀布謝木雀喀仁波切

མ་སྐྱེས་པ་རྣམས་སྐྱེ་གྱུར་ཅིག །
未生願生起
瑪結 巴南木 結就爾吉

སྐྱེས་པ་ཉམས་པ་མེད་པར་ཡང་།།
已生勿退失
結巴 南木八 咩巴楊

གོང་ནས་གོང་དུ་འཕེལ་བར་ཤོག །
漸次益增長
宮尼 宮度 配瓦爾秀喀

བྱང་ཆུབ་སེམས་དང་མི་འབྲལ་ཞིང་། །
時時不離菩提心
祥雀布謝木當 明紮信

བྱང་ཆུབ་སྤྱོད་ལ་གཞོལ་བ་དང་།།
日日奉行菩提道
祥雀布 覺啦 雪瓦當

སངས་རྒྱས་རྣམས་ཀྱིས་ཡོངས་བཟུང་ཞིང་། །བདུད་ཀྱི་ལས་རྣམས་སྤོང་བར་ཤོག
當願諸佛垂加護
桑傑 南極 勇頌信

遠離鬼魅瘟疫障
堆集 雷南木 邦瓦爾秀喀

༄༅། །འཕགས་པ་ས་ཡི་སྙིང་པོའི་གཟུངས་བཞུགས་སོ། །

地藏王菩薩心咒

༄༅། །རྡོ་རྗེ་རིན་ཆེན་རྡོ་རྗེ་དོན། ། རྡོ་རྗེ་ས་ཡི་ནོར་བུ་ཆེ། །

金剛至寶金剛意　　金剛大地之寶藏

多傑 仁青 多傑斷　　多傑 薩意 諾爾悟切

ས་ཡི་སྙིང་པོ་རྡོ་རྗེ་ཕྱུག ། ཕྱག་འཚལ་རྡོ་རྗེ་སྙིང་ཁྱོད་ལ། །

地藏金剛藏悉諦　　頂禮金剛藏菩薩

薩耶 寧握 多傑修　　夏喀擦了 多傑 寧確啦

ཨོཾ་སུཾ་བྷ་ནི་སུཾ་བྷ། ཧ་ར་ཙ་ར། མ་ཧཱ་པ་ཤ མཱ་རུ་ཏ། ཨ་མོ་གྷ་བཛྲ་སཏྭ་སྭཱ་ཧཱ།

嗡 孫巴尼 孫巴 哈日阿紮日阿 瑪哈巴夏 瑪如達 阿姆嘎
班紮 三達 梭哈

དགེ་བ་འདི་ཡིས་མྱུར་དུ་བདག ། ས་ཡི་སྙིང་པོ་འགྲུབ་གྱུར་ནས། །

願以此功德　　速成地藏王菩薩

給哇 代意 紐爾度大喀　　薩意 寧握 珠洒兒內

འགྲོ་བ་གཅིག་ཀྱང་མ་ལུས་པ། ། དེ་ཡི་ས་ལ་འགོད་པར་ཤོག །

一切有情眾生　　順利得到其果位

桌瓦 激喀將 瑪露巴　　得意`薩拉 果巴爾秀喀

ཁྱེད་ལ་བསྟོད་ཅིང་གསོལ་བ་བཏབ་པའི་མཐུས། །ཞེས་སོགས་ཤོ་ལོ་ཀ་གཅིག་གིས་

འདོད་གསོལ་བྱའོ། །

༄།།སྤྱན་རས་གཟིགས་ཀྱི་སྙིང་པོ་ཡི་གེ་དྲུག་མ་དབྱངས་སུ་ཁྱེར་བ་ཞེ།

安多熱貢傳統六字明咒唱誦

ཨོཾ་མ་ཎི་པདྨེ་ཧཱུྃ།　嗡瑪尼唄咩吽*4 遍

སྐྱོན་གྱིས་མ་གོས་སྐུ་མདོག་དཀར།།　རྫོགས་སངས་རྒྱས་ཀྱིས་དབུ་ལ་བརྒྱན།།

觀音無瑕白淨身　阿彌陀佛頂上嚴

捐吉嘛貴古朵 噶爾,　座桑結吉 屋拉間

ཐུགས་རྗེ་སྤྱན་གྱིས་འགྲོ་ལ་གཟིགས།།　སྤྱན་རས་གཟིགས་ལ་གསོལ་བ་འདེབས།།

慈眼悲憫視眾生　頂禮觀世音菩薩

圖傑 間吉 卓拉 斯克　間熱 斯克拉 梭了瓦得布

ཨོཾ་མ་ཎི་པདྨེ་ཧཱུྃ།　嗡瑪尼唄咩吽*4 遍

བྱང་ཆུབ་སེམས་མཆོག་རིན་པོ་ཆེ།།　མ་སྐྱེས་པ་རྣམས་སྐྱེ་གྱུར་ཅིག །

大寶菩提心　未生願生起

祥雀布 謝木雀喀 仁波切　瑪結 巴南木 結就爾吉

སྐྱེས་པ་ཉམས་པ་མེད་པར་ཡང་།།　གོང་ནས་གོང་དུ་འཕེལ་བར་ཤོག །

已生勿退失　漸次益增長

結巴 南木八 咩巴楊　宮尼 宮度 配瓦爾秀喀

ཨོཾ་མ་ཎི་པདྨེ་ཧཱུྃ།　嗡瑪尼唄咩吽*4 遍

དགེ་བ་འདི་ཡིས་མྱུར་དུ་བདག །　སྤྱན་རས་གཟིགས་དབང་འགྲུབ་གྱུར་ནས།།

願以此功德　速成觀世音菩薩

蓋瓦 德意 拗爾 杜達喀　間熱 斯克旺 珠布酒兒內

འགྲོ་བ་གཅིག་ཀྱང་མ་ལུས་པ།།　དེ་ཡི་ས་ལ་འགོད་པར་ཤོག །

一切有情眾生　順利得到其果位

桌瓦 激喀將 嘛錄巴　得｀意薩拉 果巴爾秀喀

ཨོཾ་མ་ཎི་པདྨེ་ཧཱུྃ།　嗡瑪尼唄咩吽*4 遍

༄༅། །བླ་མ་རྒྱང་འབོད་ཀྱི་གསོལ་འདེབས་གཙུག་མའི་ཐོལ་གླུ་ཞེས་བྱ་བ།།

遙喚上師祈請文-元始之任運驟現歌

བླ་མ་མཁྱེན་ནོ། བླ་མ་མཁྱེན།
請上師悲鑑
喇嘛千諾 喇嘛千 7 遍

ངོ་བོ་གདོད་ནས་མི་འགྱུར་སྤྲོས་བྲལ་གྱི་གཤིས་ལུགས།།
自性始終不變離戲之本面 （本體，實相）
娥喔 對內 彌聚兒 追賊了蹟 悉露喀

ཀ་དག་གཏིང་གསལ་གཞོན་ནུ་བུམ་སྐུ་རུ་བཞུགས་པ།།
安住本淨深明童瓶身之中
嘎達喀 叮薩了 旬努 悟木固 入 修巴

ཆོས་སྐུའི་བླ་མ་ཡེ་ཤེས་རྡོ་རྗེ་དེ་མཁྱེན་ནོ།།
法身上師智慧金剛其悲鑒
確顧 喇嘛 業習 多傑 代 千諾

ལྟ་བའི་གདེང་ཆེན་ཐོབ་པར་བྱིན་གྱིས་རློབས་ཤིག །
祈請加持令獲見地之大釘 （牢不可拔之正見之釘）
達為 頂千 妥布巴兒信記 讓 羅布繫喀

རང་བཞིན་མ་འགགས་ཟུང་འཇུག་འོད་གསལ་གྱི་ཚོམ་བུ།།
自性不滅雙運光明之堆簇
讓信 瑪嘎喀 松就 窩誰了 蹟 從木屋

ལྷུན་གྲུབ་ངེས་པ་ལྔ་ལྡན་རོལ་པ་རུ་བཞུགས་པ།།
安住天成五決定之神變中 （法身之變現或遊戲）
輪珠 夾巴 嘎丹 若了瓦 如 修巴

ལོངས་སྐུའི་བླ་མ་བདེ་ཆེན་རྡོ་རྗེ་དེ་མཁྱེན་ནོ། །
報身上師大樂金剛其悲鑒
龍固 喇嘛 代千 多傑 代千諾

སྒོམ་པའི་རྩལ་ཆེན་རྫོགས་པར་བྱིན་གྱིས་རླབས་ཞིག །
祈請加持令圓修持之大力 （修的大能力）
供木貝 載了千 佐喀巴爾 信記 讓羅布 繫可

ཐུགས་རྗེ་ཕྱོགས་ལྷུང་བྲལ་བ་མཐའ་གྲོལ་གྱི་ཡེ་ཤེས། །
大悲全無偏私離邊之本智
圖喀傑 肖喀龍 載了瓦 塔卓 蹟 業習

ཀུན་ཁྱབ་རིག་སྟོང་རྗེན་པའི་ངོ་བོ་རུ་བཞུགས་པ། །
安住周遍明空赤裸體性中 （或狀態中）
滾洽布 熱喀董 見悲 娥哦 如 修巴

སྤྲུལ་སྐུའི་བླ་མ་འགྲོ་འདུལ་གླིང་བ་དེ་མཁྱེན་ནོ། །
化身上師調眾洲尊其悲鑒 （調伏眾生）
珠了咕 喇嘛 卓度了 領瓦 代千諾

སྤྱོད་པའི་ནོགས་ཆེན་འབྱོངས་པར་བྱིན་གྱིས་རླབས་ཞིག །
祈請加持令熟行之大效益 （效力或效用得純熟）
覺悲 握喀千 炯巴爾 信記 讓 羅布修

རང་རིག་གདོད་མའི་གཞི་ལ་འཕོ་འགྱུར་ཉི་མི་འདུག །
本覺元始基上從未有變遷
讓熱喀 對美 稀喇 頗居爾 尼彌度喀

གང་ཤར་ཆོས་སྐུའི་རྩལ་ལ་བཟང་ངན་ཉི་མི་གདའ། །
任顯純法身能無有善與惡 （法身之能量顯現）
鋼下兒 卻固 咱了喇 桑給 尼 彌達

ད་ལྟའི་ཤེས་པ་སངས་རྒྱས་མངོན་སུམ་དུ་འདུག་པས། །

當下覺知當體即是如如佛　（如實之佛，故而）

達代 稀巴 桑傑 袞溫孫木　度 度喀悲

ཀུ་ཡངས་བློ་བདེའི་བླ་མ་སྙིང་དབུས་ནས་རྙེད་བྱུང་། །

寬坦安然上師顯現自心中 （由自心中獲得）

固揚 落代 喇嘛 寧為 內涅雄

གཉུག་མའི་སེམས་འདི་བླ་མའི་རང་བཞིན་དུ་རྟོགས་ཚེ། །

了悟此元心即上師自性時　（本心或本性）

努喀美 誰木地 喇昧 讓心 度門喀才

འཛིན་ཞེན་གསོལ་འདེབས་བཅོས་མའི་སྡུག་ཡུས་ནི་མ་དགོས། །

無需貪執祈禱造作的表功　(歌功頌德的形式)

怎先 索了代布 覺昧 度喀餘 你 瑪果

མ་བཅོས་རིག་པ་རང་བབ་ཁ་ཡན་དུ་གློད་པས། །

無作明覺原狀無心縱放之（無作，莫造作。無心，失心似的，任意的）。（鬆放任明覺于其原狀，故而）

瑪覺 熱喀巴 讓瓦布 卡沿度　洛貝

གཏད་མེད་གང་ཤར་རང་གྲོལ་བྱིན་རླབས་དེ་ཐོབ་བྱུང་། །

無駐任顯自解加持即獲得

代昧 鋼夏兒 讓卓了 辛喇布 代妥布雄

བྱས་པའི་ཆོས་ཀྱིས་སངས་རྒྱས་འགྲུབ་དུས་ནི་མི་གདའ། །

以有為法終無證悟佛果之日

習悲 確記 桑傑 竹布對 尼彌度喀

ཡིད་དཔྱོད་བློས་བྱས་སྒོམ་འདི་བསླུ་བྱེད་ཀྱི་དགྲ་རེད། །

尋伺作意之修此欺妄敵也

以學 略習 果木地 路斜 蹟紮熱

ད་ནི་འཛིན་སྣང་ཞིག་པའི་མདོ་མེད་ཀྱི་སྨྱོན་པ།།
如今感受滅除荒唐的瘋子
達尼 怎當 修悲 朵昧 蹟瘧巴

བྱུང་རྒྱལ་གཅེར་ཉལ་ངང་ལ་མི་ཚེ་འདི་སྐྱེལ་གཏོང་།།
任意裸睡態中將此生送走 （睡於赤裸覺性中）（或裸躺）
雄甲 界兒膩了 昂喇 米測 地傑動

གང་སྣར་བྱས་ཀུན་དགའོ་རྫོགས་ཆེན་གྱི་རྣལ་འབྱོར།།
怎麼作都快樂大圓瑜伽士
鋼達兒 西疆 嘎哦 佐喀千 蹟 南了覺窩兒

སུ་དང་འགྲོགས་ཀུང་སྐྱིད་དོ་པད་འབྱུང་གི་བུ་བརྒྱུད།།
與誰為伍皆喜蓮花生子嗣
速當 卓喀江 吉多 貝炯 格握舉

མགོན་ལ་འགྲན་ཟླ་མེད་དོ་གཏེར་ཆེན་གྱི་བླ་མ།།
怙主無以倫比大伏藏上師
滾喇 站達 昧多 代兒千 記喇嘛

ཆོས་ལ་དོ་ཟླ་མེད་དོ་མཁའ་འགྲོ་ཡི་སྙིང་ཐིག །
法教無可匹敵空行之心滴
確喇 多達 昧多 喀卓 乙寧特喀

རྨོངས་ཆེན་སྙིང་གི་མུན་པ་རང་མལ་དུ་སངས་ནས།།
無明心之闇昧原地自淨已 （無明大惑於當體當下清淨後）
夢千 寧格 悶巴 讓瑪 度桑尼

འོད་གསལ་ཉི་མ་འགྲིབ་མེད་འཁོར་ཡུག་ཏུ་འཆར་བའི།།
光明之日不落不斷生起的
哦薩了 尼瑪 哲布昧 擴了又 度恰兒未

སྐལ་བཟང་འདི་ཀོ་ཕ་གཅིག་བླ་མ་ཡི་སྐུ་དྲིན།།
這等福緣乃是父師之身恩　（如父上師的大恩）
嘎了桑 得果 琶蹟 喇嘛 乙古真

དྲིན་ལན་འཁོར་མཐའ་མེད་དོ་བླ་མ་རང་དྲན་ནོ།།
深恩難以回報唯念上師尊
真藍 擴兒塔 昧多 喇嘛 讓霑諾

བླ་མ་མཁྱེན་ནོ། བླ་མ་མཁྱེན།
請上師悲鑑
喇嘛千諾 喇嘛千 7 遍

བདག་གི་རྒྱུད་ལ་རྟོགས་པ་ཁྱད་པར་ཅན་སྐྱེ་བར་བྱིན་གྱིས་བརླབ་ཏུ་གསོལ།།
懇求上師 速速加持我大徹大悟
達格 距拉 多喀巴　洽霸兒見 傑哇兒 信記 喇布度所了

ཞེས་པ་འདད་རང་གི་རྡོ་རྗེ་སློབ་བུའི་ཐུ་བོ་སྤྲུལ་པའི་སྐུ་འཇིགས་མེད་ཆོས་དབྱིངས་ནོར་བུ་དོན་ཐམས་ཅད་འགྲུབ་པ་སྡེའི་གསུང་གི་ངོར། འཇིགས་བྲལ་ཡེ་ཤེས་རྡོ་རྗེས་འཆོལ་གཏམ་དུ་སྨྲས་པ་དགེ །སརྦ་ད་ཀ་ལ་ཉཾ་བྷ་ཝན་ཏུ།།

此系應金剛弟子之首祖古吉美闕英諾布敦唐傑珠貝碟（無畏法界寶一切義成）所請，吉紮耶些多傑(離畏金剛智）信口而胡說　善哉！

敦珠仁波切寫道：你應該把全部精力都用在上師相應法上，把它當作修行的生命和心臟。如果你不這麼做，你的禪修將非常乏味，即使你有一點小進展，障礙還是會源源而至，內心也不可能有真實、純正的證悟。因此，只要以純樸的恭敬心熱誠祈求，不久之後，上師智慧心的直接加持力將會傳遞到你身上，加持你從內心深處產生不可言喻的殊勝證悟。

現在，我想教給你一個簡單的上師相應法，任何人不管他的宗教或精神信仰是什麼，都可以修。

這個美妙的法門是我的主要法門，是我一生的中心和啟示，每次我修上師相應法時，我都是觀想蓮花生大士。當佛陀即將入滅時，他預言在他涅槃後不久，將有蓮花生大士出生弘傳密法。誠如我曾經說過的，第八世紀時在圖博建立佛教的就是蓮花生大士。對圖博人來說，根本上師蓮花生大士象徵一個宇宙的、永恆的原則；他是一切法界的上師。他對圖博的上師現身無數次，這些會面和示現都有確切的記錄；發生的時間、地點和方式，以及蓮花生大士所開示的教法和預言。他也留下幾千部伏藏教法給未來世，由許多他所化身的大師陸續揭露；這些伏藏寶典，圖博文稱為 གཏེར་མ། terma，其中有一部就是《中陰聞教得度》。

當我遇到困難和危機時，我總是向蓮花生大士祈求，他的加持和力量從來不曾遺棄我。當我想到他時，我所有的上師都在他身上呈現。對我來說，他活在一切時刻，而整個宇宙也在每一個時刻閃耀著他的美麗、力量和存在。

哦！根本仁波切，尊貴的上師，
你是一切諸佛慈悲和加持的化身，
眾生唯一的保護者。
毫不猶豫的，我要以我的身體，我的財物，
我的心和靈魂皈依你！
從現在起直到我證得覺悟為止，
不管是快樂或憂傷，順境或逆境，得意或失意，
我完全依賴你，
哦！蓮花生大士，你是瞭解我的上師：
記得我，啟示我，指導我，讓我與你合而為一。

我把蓮花生大士看作我所有上師的體現，所以在上師相應法中，當我把我的心與他結合時，全部上師就都包括在他身上。當然，你也可以觀想任何你感到恭敬的覺者、聖賢或任何宗教、神秘傳統的上師，不管他們是否還活著。

上師相應法分為四個主要的步驟：
一、祈請；
二、利用上師的心要——咒語，將你的心與上師合而為一；
三、接受加持或灌頂；
四、最後將你的心與上師結合並安住在本覺之中。

普賢行願品

所有十方世界中　三世一切人師子　我以清淨身語意　一切遍禮盡無餘

普賢行願威神力　普現一切如來前　一身復現剎塵身　一一遍禮剎塵佛

於一塵中塵數佛　各處菩薩眾會中　無盡法界塵亦然　深信諸佛皆充滿

各以一切音聲海　普出無盡妙言辭　盡於未來一切劫　讚佛甚深功德海

以諸最勝妙華鬘　妓樂塗香及傘蓋　如是最勝莊嚴具　我以供養諸如來

最勝衣服最勝香　末香燒香與燈燭　一一皆如妙高聚　我悉供養諸如來

我以廣大勝解心　深信一切三世佛　悉以普賢行願力　普遍供養諸如來

我昔所造諸惡業　皆由無始貪嗔癡　從身語意之所生　一切我今皆懺悔

十方一切諸眾生　二乘有學及無學　一切如來與菩薩　所有功德皆隨喜

十方所有世間燈　最初成就菩提者　我今一切皆勸請　轉於無上妙法輪

諸佛若欲示涅槃　我悉至誠而勸請　唯願久住剎塵劫　利樂一切諸眾生

所有禮讚供養佛　請佛住世轉法輪　隨喜懺悔諸善根　迴向眾生及佛道

我隨一切如來學　修習普賢圓滿行　供養過去諸如來　及與現在十方佛

未來一切天人師　一切意樂皆圓滿　我願普隨三世學　速得成就大菩提

所有十方一切剎　廣大清淨妙莊嚴　眾會圍繞諸如來　悉在菩提樹王下

十方所有諸眾生　願離憂患常安樂　獲得甚深正法利　滅除煩惱盡無餘

我為菩提修行時　一切趣中成宿命　常得出家修淨戒　無垢無破無穿漏
天龍夜叉鳩槃荼　乃至人與非人等　所有一切眾生語　悉以諸音而說法
勤修清淨波羅蜜　恒不忘失菩提心　滅除障垢無有餘　一切妙行皆成就
於諸惑業及魔境　世間道中得解脫　猶如蓮華不著水　亦如日月不住空
悉除一切惡道苦　等與一切群生樂　如是經於剎塵劫　十方利益恒無盡
我常隨順諸眾生　盡於未來一切劫　恒修普賢廣大行　圓滿無上大菩提
所有與我同行者　於一切處同集會　身口意業皆同等　一切行願同修學
所有益我善知識　為我顯示普賢行　常願與我同集會　於我常生歡喜心
願常面見諸如來　及諸佛子眾圍繞　於彼皆興廣大供　盡未來劫無疲厭
願持諸佛微妙法　光顯一切菩提行　究竟清淨普賢道　盡未來劫常修習
我於一切諸有中　所修福智恒無盡　定慧方便及解脫　獲諸無盡功德藏
一塵中有塵數剎　一一剎有難思佛　一一佛處眾會中　我見恒演菩提行
普盡十方諸剎海　一一毛端三世海　佛海及與國土海　我遍修行經劫海
一切如來語清淨　一言具眾音聲海　隨諸眾生意樂音　一一流佛辯才海
三世一切諸如來　於彼無盡語言海　恒轉理趣妙法輪　我深智力普能入
我能深入於未來　盡一切劫為一念　三世所有一切劫　為一念際我皆入
我於一念見三世　所有一切人師子　亦常入佛境界中　如幻解脫及威力
於一毛端極微中　出現三世莊嚴剎　十方塵剎諸毛端　我皆深入而嚴淨

所有未來照世燈　成道轉法悟群有　究竟佛事示涅槃　我皆往詣而親近

速疾周遍神通力　普門遍入大乘力　智行普修功德力　威神普覆大慈力

遍淨莊嚴勝福力　無著無依智慧力　定慧方便諸威力　普能積集菩提力

清淨一切善業力　摧滅一切煩惱力　降伏一切諸魔力　圓滿普賢諸行力

普能嚴淨諸剎海　解脫一切眾生海　善能分別諸法海　能甚深入智慧海

普能清淨諸行海　圓滿一切諸願海　親近供養諸佛海　修行無倦經劫海

三世一切諸如來　最勝菩提諸行願　我皆供養圓滿修　以普賢行悟菩提

一切如來有長子　彼名號曰普賢尊　我今迴向諸善根　願諸智行悉同彼

願身口意恒清淨　諸行剎土亦復然　如是智慧號普賢　願我與彼皆同等

我為遍淨普賢行　文殊師利諸大願　滿彼事業盡無餘　未來際劫恒無倦

我所修行無有量　獲得無量諸功德　安住無量諸行中　了達一切神通力

文殊師利勇猛智　普賢慧行亦復然　我今迴向諸善根　隨彼一切常修學

三世諸佛所稱歎　如是最勝諸大願　我今迴向諸善根　為得普賢殊勝行

願我臨欲命終時　盡除一切諸障礙　面見彼佛阿彌陀　即得往生安樂剎

我既往生彼國已　現前成就此大願　一切圓滿盡無餘　利樂一切眾生界

彼佛眾會咸清淨　我時於勝蓮華生　親覩如來無量光　現前授我菩提記

蒙彼如來授記已　化身無數百俱胝　智力廣大遍十方　普利一切眾生界

乃至虛空世界盡　眾生及業煩惱盡　如是一切無盡時　我願究竟恒無盡

十方所有無邊刹　莊嚴眾寶供如來　　最勝安樂施天人　經一切刹微塵劫

若人於此勝願王　一經於耳能生信　　求勝菩提心渴仰　獲勝功德過於彼

即常遠離惡知識　永離一切諸惡道　　速見如來無量光　具此普賢最勝願

此人善得勝壽命　此人善來人中生　　此人不久當成就　如彼普賢菩薩行

往昔由無智慧力　所造極惡五無間　　誦此普賢大願王　一念速疾皆銷滅

族姓種類及容色　相好智慧咸圓滿　　諸魔外道不能摧　堪為三界所應供

速詣菩提大樹王　坐已降伏諸魔眾　　成等正覺轉法輪　普利一切諸含識

若人於此普賢願　讀誦受持及演說　　果報唯佛能證知　決定獲勝菩提道

若人誦此普賢願　我說少分之善根　　一念一切悉皆圓　成就眾生清淨願

我此普賢殊勝行　無邊勝福皆迴向　　普願沈溺諸眾生　速往無量光佛刹

殊勝之最發願王　利益無邊之眾生　　圓滿普賢行願力　三惡道眾盡解脱

每次修法完成後，特別是共修殊勝的蓮師薈供後，再唱誦此《普賢行願品》，會更加清淨殊勝和圓滿。這是我們夫婦在每一次共修蓮師薈供後，再一起唱誦《普賢行願品》後的經驗和心得，在此與大家共同分享，共同勉勵。

札希德勒　德格爾 才仁 與仁真 卓格爾 敬上

溫馨提示：此法本裡的所有咒語，須經口傳才可以修持，否則不僅不如法，還會犯盜法的過失！切記！切記！切記！

此法本非常珍貴，需有特殊因緣才能得到，所以務必視為佛像與唐卡般的敬重與珍藏！

決不可以隨便丟在地板上、床上、椅子上或車座上，更不可以放在衛生間等不乾淨之地。總之，不可以踩在腳下、墊在屁股底下。如果那樣做的話，是對上師三寶的大不敬，其果報很嚴重！

相信學佛的人都知道，每一尊佛菩薩的唐卡和每一句佛號咒語都統統包含著十方三世一切佛菩薩、本尊、金剛護法和空行，也包含著顯密大小乘金剛密法等八萬四千法門。因此，敬請各位務必視之稀有法寶，以無上恭敬的心收藏珍惜，精進實修。

請諸位有緣讀者拿到此珍貴法本的善友們，務必別辜負德格爾老師苦口婆心叮嚀要做好定課，也依照德格爾老師交代要發菩提心，每天所作功德回向給所有眾生，早日脫離苦海，不再輪迴，速證正等正覺。

同時迴向這些善心助印大德們:身體健康，事業順利，闔家平安。

助印法本大德名單如下:

闞蓮珍	闞嘉偉	劉銘婠	劉秋月	顏志堅	顏莛然
鄭博元	邱詩涵	薛屹砎	薛宇晍	邱陳松	劉慧貞
邱許阿招	劉介山	蔡月珍	劉威揚	錢依莛	吳思寧
林昌平	林惟靜	林璟宥	何青紜	王美雪	王謝金草
王俊明	王俊仁	王佑文	王宥軒	黃庭恩	黃蕎萱
黃詩晴	徐　瀞	李書睿	蕭金容	德徐真	德格爾
許雅紅	李宛嬛	楊明璋	謝慧淦		

國家圖書館出版品預行編目（CIP）資料

天無涯海無角:一切盡在因緣裡 你所不知道的圖博
/德格爾才仁, 德徐真著. -- 初版. -- 臺北市 :
智庫雲端有限公司, 民110.05
面 ; 公分
ISBN 978-986-06584-1-5(平裝)

1.藏傳佛教 2.佛教修持

226.965 110007795

天無涯海無角*一切盡在因緣裡* 你所不知道的圖博

作　　者　德格爾才仁、德徐真
出　　版　智庫雲端有限公司
發 行 人　范世華
封面設計　洪伊珊
地　　址　台北市中山區長安東路 2 段 67 號 4 樓
統一編號　53348851
電　　話　02-25073316
傳　　真　02-25073736
E - mail　tttk591@gmail.com

總 經 銷　采舍國際有限公司
地　　址　新北市中和區中山路二段 366 巷 10 號 3 樓
電　　話　02-82458786 (代表號)
傳　　真　02-82458718
網　　址　http://www.silkbook.com

版　　次　2021 年 (民 110) 5 月 28 日初版一刷
定　　價　450 元
I S B N　978-986-06584-1-5